Ilydio Pereira de Sá

RACIOCÍNIO LÓGICO

CONCURSOS PÚBLICOS/ FORMAÇÃO DE PROFESSORES

(teoria, questões comentadas, exercícios propostos)

Raciocínio Lógico: Concursos Públicos/Formação de Professores
Copyright© Editora Ciência Moderna Ltda., 2008

Todos os direitos para a língua portuguesa reservados pela EDITORA CIÊNCIA MODERNA LTDA.
De acordo com a Lei 9.610 de 19/2/1998, nenhuma parte deste livro poderá ser reproduzida, transmitida e gravada, por qualquer meio eletrônico, mecânico, por fotocópia e outros, sem a prévia autorização, por escrito, da Editora.

Editor: Paulo André P. Marques
Produção Editorial: Camila Cabete Machado
Capa: Cristina Satchko Hodge
Diagramação: Cristina Satchko Hodge
Assistente Editorial: Vivian Horta

Várias Marcas Registradas aparecem no decorrer deste livro. Mais do que simplesmente listar esses nomes e informar quem possui seus direitos de exploração, ou ainda imprimir os logotipos das mesmas, o editor declara estar utilizando tais nomes apenas para fins editoriais, em benefício exclusivo do dono da Marca Registrada, sem intenção de infringir as regras de sua utilização. Qualquer semelhança em nomes próprios e acontecimentos será mera coincidência.

FICHA CATALOGRÁFICA

Sá, Ilydio Pereira de
Raciocínio Lógico: Concursos Públicos/Formação de Professores
Rio de Janeiro: Editora Ciência Moderna Ltda., 2008.

1. Matemática; Estudo e Ensino
I — Título

ISBN: 978-85-7393-699-5   CDD 510
                             807

Editora Ciência Moderna Ltda.
R. Alice Figueiredo, 46 – Riachuelo
Rio de Janeiro, RJ – Brasil   CEP: 20.950-150
Tel: (21) 2201-6662/ Fax: (21) 2201-6896
E-mail: lcm@lcm.com.br
www.lcm.com.br   05/08

Meu passarinho

Não tem penas ou bico comprido,
mas assobia como as aves.

Não é um grande pássaro,
mas tem asas que abrigaram oito filhos.

Não é uma águia,
mas tem um olhar certeiro,
que pressente os tropeços que a vida pode nos trazer.

Meu passarinho querido
é a minha linda, sábia, alegre, viva e lúcida mãe,
que, aos 90 anos, ainda é a minha melhor professora.

A minha querida mãe Nilza,
com o meu eterno agradecimento.

Ilydio
Março de 2008

PREFÁCIO

Quando o professor Ilydio me falou sobre seu novo livro, fiquei muito contente. Logo pensei: são boas notícias para os nossos alunos e certamente um enorme desafio para o Ilydio! Sim, isso mesmo, um desafio! Depois de escrever "A Magia da Matemática" e experimentar o estrondoso sucesso, a certeza que todos nós depositávamos sobre Ilydio tornaram-se expectativas: será que sua nova obra estará no mesmo patamar, ou acima?

Quando eu vi o título *"Raciocínio Lógico: concursos e formação de professores"*, confesso que fiquei preocupado. O motivo de minha preocupação residiu sobre a proposta da obra: como seria possível conciliar a preparação para concursos com a formação de professores? Nós, professores, sabemos que, no meio dos concursos, a postura que reina absoluta entre os alunos é o imediatismo. Tudo deve ser resolvido rapidamente, pelo atalho e pelo macete. Na formação de professores, ao contrário, buscamos uma postura que busca a totalidade e a interligação de saberes. A resolução de problemas se dá de modo mais lento, através de discussões das quais todo imediatismo passa longe. Como conciliar posturas tão antagônicas?

Após concluir a leitura desta obra, tiro o chapéu para o grande Mestre Ilydio Pereira de Sá! O seu texto consegue ser dinâmico e profundo, interessante e ágil, com exercícios e exposições interessantíssimas. As dezenas e mais dezenas de exercícios propostos, e com gabarito, foram muito bem escolhidas e servem aos objetivos do texto como complemento e reforço, sem abrir mão da perturbação tão importante que fará o leitor repensar os conteúdos apresentados. A leveza de "A Magia da Matemática" não foi um acaso, ela agora se institui como o estilo de seu autor.

O candidato que se prepara para um concurso encontrará um texto objetivo que apresenta tudo o que deve ser apresentado, de uma maneira diferenciada, que certamente se perpetuará sobre a própria preparação do candidato. Apostilas sobre o mesmo assunto são *sempre* superficiais e apenas apresentam exercícios, desprovidos de contexto. É pouco provável que, ao ler *"Ra-*

ciocínio Lógico: concursos e formação de professores", o leitor se sinta inseguro. O texto é auto-suficiente e representará uma poderosa ferramenta para a construção de seus conhecimentos.

Os alunos de graduação e pós-graduação na área de educação matemática encontrarão um texto rico, recheado de bons motivos para discussões. A enorme experiência do professor Ilydio na área de formação de professores se torna mais aparente e um lindo livro, bastante diferente daqueles livros clássicos sobre Lógica e Teoria dos Conjuntos elaborados durante o movimento da Matemática Moderna, então se coloca!

Parabéns ao professor Ilydio, à Editora Ciência Moderna e também a você leitor. Escrever, viabilizar e ter acesso a tal material não é para qualquer um!

Dr. Carlos Eduardo Mathias da Motta
Doutor em Matemática pela UFRJ. Professor Adjunto da Universidade Federal Rural do Rio de Janeiro (UFRRJ).

SUMÁRIO

Prefácio..V

Introdução..1

1) Noções Básicas da Lógica Matemática...................3

1.1) Proposições - Cálculos Proposicionais....................3
    Exercícios Propostos (lista 1)...............................19
    Gabarito (lista 1)...29

1.2) Problemas com Tabelas.......................................32
    Exercícios Propostos (Lista 2)..............................37
    Gabarito (lista 2)..51

1.3) Argumentação Lógica:...52
    Exercícios Propostos (Lista 3)..............................61
    Gabarito (lista 3)...71

1.4) Argumento Dedutivo e Argumento Indutivo.........72

2) A Teoria dos Conjuntos e Problemas com Diagramas....75
    Exercícios Propostos (lista 4)...............................85
    Gabarito (lista 4)...97

**3) Questões Clássicas de Raciocínio e
Importantes Métodos Algébricos e Aritméticos**........99

3.1) Regra de Três..99

3.2) Regra de Sociedade...103

3.3) Regra do Falso Número ou da Falsa Posição......106
    Exercícios Propostos (lista 5)..............................117
    Gabarito (lista 5)..125

3.4) O Princípio da Casa dos Pombos........................126

3.5) Aplicando as Operações Inversas
(do Fim para o Começo)..128

3.6) O Princípio Multiplicativo, Problemas
de Contagem e de Probabilidades..132
  Exercícios Propostos (lista 6)..139
  Gabarito (lista 6)...149

3.7) Seqüências Lógicas e Lei de Formação..............................150
  Exercícios Propostos - lista 7..153
  Gabarito (lista 7)...165

4) Verdades e Mentiras..167
  Exercícios Propostos - lista 8..175
  Gabarito (lista 8)...183

5) Questões Gerais de Raciocínio Lógico.................................185

Gabarito - Exercícios Gerais..205

Bibliografia..207

O Autor..209

RACIOCÍNIO LÓGICO

INTRODUÇÃO:

Nos concursos públicos, com a prova de Raciocínio Lógico, procura-se medir a habilidade do candidato em entender a estrutura lógica de relações entre pessoas, lugares, coisas ou eventos, deduzir novas informações e avaliar as condições usadas para estabelecer a estrutura daquelas relações.

As questões das provas, normalmente, tratam das áreas: estruturas lógicas; lógica de argumentação; diagramas lógicos; raciocínio verbal; raciocínio matemático; raciocínio seqüencial; raciocínio espacial e temporal.

As competências acima descritas são também fundamentais na formação de qualquer cidadão, seja nas aulas de matemática ou nas demais áreas do conhecimento.

Algumas vezes, nas provas de raciocínio lógico, são também exigidos alguns conteúdos de matemática básica, como: Regra de Três, Regra de Sociedade, Problemas de Contagem e Probabilidades. Alguns desses temas serão também abordados no livro, sem a pretensão de esgotá-los nessa publicação.

Dessa forma, nossos objetivos ao escrever esse livro foram:

1) Fornecer material de consulta e estudo para candidatos aos diversos concursos públicos do país, como os que são normalmente elaborados pelas Instituições, como: Fundação Carlos Chagas, Vunesp, Cespe, Esaf, Fundação Cesgranrio, UFRJ, FEC, UNB, entre outras.
2) Servir de fonte de consulta para professores e licenciandos de

matemática, que encontrarão aqui material complementar à sua formação com diversas sugestões de exercícios e atividades que possam contribuir para o preparo de suas aulas, visando o desenvolvimento do raciocínio lógico matemático de seus alunos.

O nosso trabalho está dividido em cinco partes:

I) Noções Básicas da Lógica Matemática.
II) A Teoria dos Conjuntos e os "Problemas com Diagramas".
III) Questões Clássicas de Raciocínio e Importantes Métodos Algébricos e Aritméticos.
IV) Verdades e Mentiras
V) Questões gerais sobre Raciocínio Lógico

I) NOÇÕES BÁSICAS DE LÓGICA MATEMÁTICA

1.1) PROPOSIÇÕES – CÁLCULO PROPOSICIONAL

DEFINIÇÕES BÁSICAS:

• Denominamos proposição a todo conjunto de palavras ou símbolos que exprimem um pensamento de sentido completo.

EXEMPLOS:
a) A lua é um satélite da Terra.
b) $7 < 9$
c) Pelé é o nome de um planeta do Sistema Solar.

As proposições são sentenças fechadas e que podem ser classificadas como verdadeiras ou falsas.

Uma sentença do tipo $x > 2$ não pode ser considerada uma proposição pois o julgamento de sua veracidade vai depender do valor atribuído à variável x. Sentenças deste tipo são denominadas abertas.

EXEMPLOS:
a) "Fulano" é jogador de futebol.
b) $3x + 2 = 11$
c) "Ela" é eficiente.

• Denomina-se conjunto Universo de uma sentença aberta ao conjunto formado por todos os valores que a variável pode assumir. Ao subconjunto formado pelos valores da variável que tornam a sentença verdadeira denominamos conjunto verdade ou conjunto solução da sentença aberta.

EXEMPLO:
Considere a sentença aberta: x é um número natural, múltiplo de 3.
Considere ainda o conjunto Universo $\{1, 2, 3, 5, 6, 7, 9, 10\}$ Neste

conjunto universo, o conjunto verdade da sentença será:{3,6,9}

OBS: Simbolizaremos por V ou F os valores lógicos de uma proposição, representando, respectivamente uma verdade e uma falsidade.

PROPOSIÇÕES SIMPLES E PROPOSIÇÕES COMPOSTAS:

Uma proposição poderá ser simples ou atômica, se não contém nenhuma outra proposição como parte integrante de si mesma.

EXEMPLOS:
a) p: Carlos é inteligente.
b) q: 7 é um número par.

Uma proposição será denominada composta se for formada pela combinação de duas ou mais proposições simples.

EXEMPLOS:
a) p: Carlos é inteligente e Manoel é torcedor do Botafogo.
b) q: Se Pedro é sozinho, então é infeliz.

OBS: Normalmente representaremos as proposições simples ou compostas por letras minúsculas do nosso alfabeto, como nos exemplos anteriores.

CONECTIVOS E MODIFICADORES:

São termos, símbolos ou palavras que usamos para combinar proposições simples, tornando-as proposições compostas.

É usual representarmos as proposições compostas ou simples através de tabelas das possibilidades de seus valores lógicos (V ou F), que denominaremos tabelas-verdade. Após o estudo dos conectivos iremos desenvolver um estudo mais detalhado sobre as tabelas-verdade.

Noções Básicas de Lógica Matemática

Os principais conectivos e modificadores usados em lógica são:
A) Negação:

Se uma proposição p for verdadeira, a sua negação (~p) será falsa e se a proposição p for falsa, a sua negação ~p será verdadeira.

A tabela-verdade que representa uma proposição p e a sua negação ~p será:

p	~p
V	F
F	V

B) Conjunção ("e"), símbolo ∧:

Dadas duas proposições p e q, a conjunção dessas proposições será a proposição composta p e q (p ∧ q), que só será verdadeira quando p e q forem ambas verdadeiras, sendo falsa nos demais casos.
A tabela verdade da conjunção p ∧ q será:

p	q	p∧q
V	V	V
V	F	F
F	V	F
F	F	F

EXEMPLOS:
Indique o valor lógico das proposições seguintes:

A) "A neve é branca e o sal de cozinha é doce"
Resposta: Falso, pois a primeira proposição é verdadeira e a segunda é falsa (linha 2 da tabela-verdade).
B) "O algodão é duro e Porto Alegre é a capital do Rio Grande do Sul."

Resposta: Falso, pois a primeira proposição é falsa e a segunda é verdadeira (linha 3 da tabela-verdade).

C) Disjunção: ("ou"), símbolo ∨ :

Dadas duas proposições p e q, a disjunção dessas proposições será a proposição composta "p ou q" (p ∨ q), que será verdadeira quando, pelo menos uma das proposições p ou q for verdadeira, ou seja, a disjunção só será falsa quando ambas as proposições forem falsas.

A tabela-verdade da disjunção p ∨ q será:

p	q	p ∨ q
V	V	V
V	F	V
F	V	V
F	F	F

EXEMPLOS:
Qual o valor lógico das proposições seguintes:

A) "Paris é a capital da França ou 1 + 2 = 7"
Resposta: Verdadeiro, pois a primeira proposição é verdadeira e a segunda é falsa. (linha 2 da tabela-verdade).

B) "9 é um número primo ou 16 é múltiplo de 4".
Resposta: Verdadeiro, pois a primeira proposição é falsa, mas a segunda é verdadeira. (linha 3 da tabela-verdade)

C) "15 é um número par ou o Brasil fica na América do Norte"
Resposta: Falso, pois ambas as proposições são falsas. (linha 4 da tabela-verdade).

Noções Básicas de Lógica Matemática

D) Condicional: ("Se p então q), símbolo: p→q

A proposição condicional "se p então q" é uma proposição composta que só admite valor lógico falso no caso em que a proposição p é verdadeira e a proposição q é falsa, sendo verdade nos demais casos.

A tabela-verdade da proposição condicional é:

p	q	p→q
V	V	V
V	F	F
F	V	V
F	F	V

OBS: Pode parecer muito estranho ao estudante que a proposição condicional seja verdadeira até nos casos em que a primeira sentença seja falsa. Como exemplo, sugiro que pensemos numa situação do tipo. Uma pessoa chega perto de uma porta onde se lê: "Se você é torcedor do Flamengo, então não pode entrar." A pessoa era torcedora do Botafogo e entrou.

O professor que tenta ensinar sem infundir no aluno o desejo de aprender está malhando em ferro frio.
Horace Mann

Podemos considerar que sua atitude estava de acordo com a frase lida, e também estaria caso resolvesse não entrar, já que nada era dito aos torcedores dos demais times.

Um outro exemplo é a proposição: "Se a Terra é plana, então o quiabo é um mineral", é considerada logicamente verdadeira, pois a primeira proposição é falsa e a segunda também é falsa. (linha 4 da tabela-verdade).

Mais um exemplo: A proposição: "Se o alface é um vegetal, então $4 + 3 = 9$" é considerada logicamente falsa, pois a primeira proposição é verdadeira e a segunda é falsa. (linha 2 da tabela-verdade).

Uma outra forma de observarmos uma proposição condicional é considerá-la como a inclusão de um conjunto (p), em outro (q). Ou seja, sempre que p ocorre, q também ocorre.

Podemos sempre imaginar através de um diagrama, que o condicional p→q representa um conjunto associado a p, contido em outro conjunto associado a q.

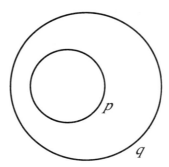

EXEMPLO:
Se o jovem é escoteiro, então é leal.

Noções Básicas de Lógica Matemática

A proposição condicional acima pode ser representada da seguinte forma:

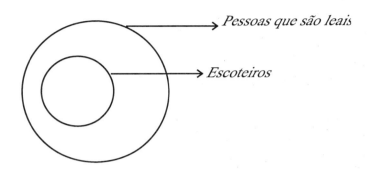

E) Proposição Bicondicional: ("p se e somente se q"), símbolo p↔q

O valor lógico da proposição bicondicional só será verdadeiro no caso em que ambas as proposições apresentarem valores lógicos iguais, ou seja, as duas verdadeiras ou as duas falsas.

A tabela-verdade da proposição bicondicional será:

p	q	p ↔ q
V	V	V
V	F	F
F	V	F
F	F	V

EXEMPLO:
A proposição: "O açúcar é doce, se e somente se o Brasil está na América do Sul" é logicamente verdadeira, pois a primeira proposição é verdadeira e a segunda também é verdadeira. (linha 1 da tabela-verdade).

OBS: Podemos também entender a proposição bicondicional (p↔q) como sendo equivalente a (p→q) ∧ (q→p), ou seja, vale a condição de "ida" e também a condição de "volta". Vamos mostrar a tabela verdade dessa proposição composta e verificar que é exatamente igual a que mostramos acima.

p	q	p → q	q → p	(p→q) ∧ (q→p)
V	V	V	V	V
V	F	F	V	F
F	V	V	F	F
F	F	V	V	V

QUANTIFICADORES:

São símbolos lógicos que atuam sobre sentenças abertas, tornando-as sentenças fechadas ou proposições.
Os principais quantificadores são:

A) Quantificador Universal (símbolo ∀)

Este quantificador significa "para todo", "qualquer que seja".

EXEMPLO:
A sentença x > 4 é uma sentença aberta, no entanto a sentença
∀ x , x > 4 (Lê-se: qualquer que seja x, x é maior do que 4) é uma proposição. (Logicamente falsa)

" Eu não posso ensinar nada a ninguém, eu apenas posso fazê-los pensar."

Sócrates

B) Quantificador Existencial (símbolo ∃)

Significa: "Para algum", "Existe algum"
Exemplo: x é um número par é uma sentença aberta.
A sentença: ∃x/x é um número par (Lê-se: Existe algum x, tal que x é par) é uma proposição. (Logicamente verdadeira).

Obs: A variável x neste exemplo pertence ao universo dos números inteiros.

CONSTRUÇÃO DE TABELAS-VERDADE:

Dadas várias proposições simples: p, q, r, s, ..., podemos combiná-las pelos conectivos lógicos que estudamos (~, ∧, ∨, etc) e construir proposições compostas, tais como:
(p ∧ q) → (~p ∨ r).

É possível construirmos tabelas-verdade correspondentes a qualquer proposição composta dada. Esta tabela mostrará os casos em que a proposição composta é verdadeira ou falsa, de acordo com os valores lógicos das proposições simples que a compõem, bem como dos conectivos que foram usados. As tabelas verdade poderão ser muito úteis na análise de argumentos lógicos, que mostraremos posteriormente.

OBS: A tabela-verdade de uma proposição composta terá 2^n linhas, sendo n o número de proposições simples existentes.

A justificativa da propriedade acima é decorrente de matemática combinatória e do princípio fundamental da contagem. Cada proposição simples tem duas possibilidades de julgamento (V ou F), como são n proposições, teremos: 2 . 2. 2 . 2 . 2 .....= 2^n

"Feliz aquele que transfere o que sabe e aprende o que ensina."
(Cora Coralina)

EXEMPLO:

Construir a tabela-verdade da proposição composta:
P (p , q) = ~ (p ∧ ~q).

Resolução: Como temos 2 proposições simples, a tabela-verdade terá 4 linhas. (2^n = 4)

p	q	~q	p ∧ ~q	~(p ∧ ~q)
V	V	F	F	V
V	F	V	V	F
F	V	F	F	V
F	F	V	F	V

TAUTOLOGIA: Chama-se tautologia a toda proposição verdadeira sempre. No caso das proposições compostas, a última coluna da tabela-verdade será constituída somente do valor lógico V. As tautologias serão verdadeiras, independentemente dos valores lógicos das proposições simples que a constituem.

EXEMPLO:

Verifique se é uma tautologia a proposição: p ∨ (q ∨ ~ p).

SOLUÇÃO: Vamos construir a tabela-verdade, lembrando que terá 4 linhas.

p	q	~p	(q ∨ ~ p)	p ∨ (q ∨ ~ p)
V	V	F	V	V
V	F	F	F	V
F	V	V	V	V
F	F	V	V	V

Resposta: É uma tautologia.

Noções Básicas de Lógica Matemática

CONTRADIÇÃO:

É o caso contrário da tautologia; neste caso a última coluna da tabela-verdade apresentará somente o valor lógico F.

OBS: Quando uma proposição for uma tautologia, ela poderá ser representada pelo símbolo V, e quando ela for uma contradição, pelo símbolo F.

EQUIVALÊNCIA LÓGICA:

Uma proposição composta P é logicamente equivalente a uma proposição composta Q, se as tabelas-verdade destas duas proposições são idênticas (símbolo $P \Leftrightarrow Q$), podemos ainda dizer que as proposições P e Q são equivalentes se a bicondicional $P \leftrightarrow Q$ for uma tautologia.

EXEMPLO:
Mostre, através da tabela-verdade, a equivalência lógica:
$p \vee (q \wedge r) \Leftrightarrow (p \vee q) \wedge (p \wedge r)$

SOLUÇÃO:

p	q	r	q ∧ r	p ∨ q	p ∨ r	(p∨q) ∧ (p∨r)	p ∨ (q ∧ r)
V	V	V	V	V	V	V	V
V	V	F	F	V	V	V	V
V	F	V	F	V	V	V	V
V	F	F	F	V	V	V	V
F	V	V	V	V	V	V	V
F	V	F	F	V	F	F	F
F	F	V	F	F	V	F	F
F	F	F	F	F	F	F	F

Idênticas

"A disciplina e a educação, a escola e a cultura, o esforço e a obra, são flores e frutos na árvore da vida, todavia, o AMOR é a raiz eterna."

(Emmanuel)

IMPORTANTE: Transformação de proposições condicionais

Como já vimos anteriormente, não são muito simples de se analisar as proposições com condicional. Existe uma equivalência lógica, de grande importância, que serve para a transformação de proposições condicionais em proposições com o conectivo "ou" (disjunção).

$(p \rightarrow q) \Leftrightarrow (\sim p \vee q)$

Faremos a demonstração através da tabela verdade.

p	q	~p	(p → q)	(~p ∨ q)
V	V	F	V	V
V	F	F	F	F
F	V	V	V	V
F	F	V	V	V

EXEMPLO:
Transforme, através da equivalência por disjunção, a proposição condicional "Se estudo, passo no concurso".

Resposta: p: estudo; q: passo no concurso
Proposição dada: (p → q)
Proposição pedida: (~ p ∨ q) "Não estudo ou passo no concurso."

Aplicação: (MP / ENAP – 2006)

Dizer que "Ana não é alegre ou Beatriz é feliz" é do ponto de vista lógico, o mesmo que dizer:

A) se Ana não é alegre, então Beatriz é feliz.
B) se Beatriz é feliz, então Ana é alegre.

Noções Básicas de Lógica Matemática

C) se Ana é alegre, então Beatriz é feliz.
D) se Ana é alegre, então Beatriz não é feliz.
E) se Ana não é alegre, então Beatriz não é feliz.

SOLUÇÃO: Observamos que temos uma proposição composta por disjunção e estamos querendo a sua equivalente condicional. Trata-se do caminho inverso da relação que vimos anteriormente, ou seja, (~p ∨ q) ⇔ (p → q).

A proposição ~ p, nesse caso será Ana não é alegre e a proposição q, será Beatriz é feliz. Logo a condicional que atende ao problema terá a formação (p → q), o que corresponde a "Se Ana é alegre, então Beatriz é feliz" (opção C).

EQUIVALÊNCIA CONTRAPOSITIVA:

Existe também uma outra equivalência importante envolvendo as proposições condicionais, trata-se da equivalência:
(p → q) ⇔ (~ q → ~ p)
que é denominada Contrapositiva da condicional dada.

Dessa forma, inferimos que a proposição "se estudo, passo no concurso" é logicamente equivalente às proposições:
• Não estudo ou passo no concurso;
• Se não passei no concurso, então não estudei.

Vejamos tal equivalência através da tabela-verdade:

p	q	~ p	~ q	(p → q)	(~ p → ~ q)
V	V	F	F	V	V
V	F	F	V	F	F
F	V	V	F	V	V
F	F	V	V	V	V

PRINCÍPIOS BÁSICOS DA LÓGICA BIVALENTE (AS TRÊS LEIS DO PENSAMENTO)

I) PRINCÍPIO DA IDENTIDADE: ($p \to p$) - Significa que, se qualquer enunciado é verdadeiro, então ele é verdadeiro. Ou seja, será uma tautologia, qualquer proposição do tipo ($p \to p$).

II) PRINCÍPIO DA NÃO CONTRADIÇÃO - "Uma proposição não pode ser verdadeira e falsa ao mesmo tempo". Ou seja, será falso qualquer enunciado do tipo ($p \land \sim p$).

III) PRINCÍPIO DO TERCEIRO EXCLUÍDO - "Toda proposição ou é verdadeira ou é falsa, isto é, verifica-se sempre um destes casos e não um terceiro". Significa que enunciados da forma ($p \lor \sim p$) serão sempre verdadeiros, ou seja, formarão uma tautologia.

Algumas Regras de Negação:

A) Regras de "DE MORGAN". (Negação do "e" e do "ou")

$\sim (p \land q) \Leftrightarrow \sim p \lor \sim q$
$\sim (p \lor q) \Leftrightarrow \sim p \land \sim q$

As regras de De Morgan são muito importantes na negação de proposições de sentenças compostas por conjunção ou por disjunção.

OBS: Você deve tentar demonstrar todas essas propriedades, mediante a construção das tabelas-verdade.

> "Há prazeres para os sentidos e há alegrias para o coração; a felicidade é só para a consciência."
> (Félix Bouvert)

Noções Básicas de Lógica Matemática

EXEMPLOS:

A) Aplicando as regras de "De Morgan", faça a negação da afirmação:
"José é feio é Antonio estuda".
Solução: José não é feio ou Antonio não estuda.

B) Idem para: "Ronaldinho é um artilheiro ou 4 + 4 = 9"
Solução: "Ronaldinho não é um artilheiro e 4 + 4 ≠ 9"

B) Negação da Proposição Condicional

$\sim (p \to q) \Leftrightarrow p \land \sim q$

Vimos anteriormente que uma sentença do tipo condicional pode ser transformada em outra do tipo disjunção, através da equivalência $(p \to q) \Leftrightarrow (\sim p \lor q)$. Logo, fazer a negação de uma proposição condicional é a mesma coisa que fazer a negação da proposição que lhe é equivalente. Vejamos:
$\sim (p \to q) \Leftrightarrow \sim (\sim p \lor q) \Leftrightarrow p \land \sim q$

EXEMPLO:
Qual a negação da sentença:
"Se chove, então não saio de casa."

Aplicando a regra anterior, que pode também ser demonstrada por tabelas verdades, teremos para **negação** da sentença dada: **"Chove e saio de casa"**.

EXERCÍCIO DE APLICAÇÃO: (ANEEL / ESAF - 2006)

A negação da afirmação condicional "se Ana viajar, Paulo vai viajar" é:

A) Ana não está viajando e Paulo vai viajar.

B) se Ana não viajar, Paulo vai viajar.
C) Ana está viajando e Paulo não vai viajar.
D) Ana não está viajando e Paulo não vai viajar.
E) se Ana estiver viajando, Paulo não vai viajar.

Solução: Veja que estamos diante de um caso de sentença do tipo (p → q) e, como vimos anteriormente, sua negação é feita com proposições do tipo p ∧ ~q, que nesse caso vai gerar uma sentença do tipo Ana viaja e Paulo não viaja, ou ainda, modificando os tempos verbais Ana está viajando e Paulo não vai viajar, que é a opção C.

C) Negação de Sentenças com Quantificadores:

A) ~ (∀x) (p) ⇔ (∃x) (~p)
B) ~ (∃x) (p) ⇔ (∀x) (~p)

EXEMPLO:
Qual a negação das seguintes sentenças?

a) "Existe algum Brasileiro inteligente"
Solução: "Todos os Brasileiros não são inteligentes"

b) "Todos os alunos desta turma são estudiosos"
Solução: "Existe algum aluno desta turma que não é estudioso" ou então "Existem alunos desta turma que não são estudiosos".

Note que uma sentença com um quantificador é negada com o uso do outro quantificador.

"Uma garrafa de vinho meio vazia também está meio cheia; mas uma meia mentira nunca será uma meia verdade."
(Jean Cocteau)

EXERCÍCIOS PROPOSTOS (LISTA 1)

1) Dê o valor lógico V ou F, de cada uma das proposições compostas:

A) Se cego vê, então mudo fala	( )
B) $\pi > 3$ e $0 > -2$	( )
C) $4! = 24$ ou Alface é um mineral	( )
D) Se 2 é par, então 5 é ímpar	( )
E) Se zero é positivo, então 5 é par	( )
F) $5^3 = 125$ ou Manganês é um vegetal.	( )
G) As diagonais do quadrado são congruentes e as diagonais do losango são perpendiculares.	( )

2) Qual a negação da sentença?
"Paulo é professor ou Carla é dentista".

3) Qual a negação da sentença: "$1 < 5$ e $x \geq 3$?

4) Qual a negação da sentença: "$\exists x, \ x < 4$" ?
A) $\forall x, x < 4$ B) $\exists x, x < 4$ C) $\forall x, x \geq 4$ D) $\exists x, x \geq 4$ E) $\forall x, \leq 4$

5) Qual a negação da sentença:
"Matemática é difícil ou Física é fácil"

6) Qual a negação da sentença: "Todos os Brasileiros são carinhosos"
A) Todos os Brasileiros não são carinhosos.
B) Existem Brasileiros carinhosos.
C) Existe algum Brasileiro que não é carinhoso.
D) Não existem Brasileiros carinhosos.

7) Sejam as proposições simples: p: está frio; q: está chovendo.
Traduzir para a linguagem corrente as seguintes proposições:

Noções Básicas de Lógica Matemática

A) ~ p
B) p ∧ q
C) p ∨ q
D) q ↔ p
E) p → ~q
F) p ∨ ~q
G) ~p ∧ ~q
H) p ↔ ~q
I) (p ∧ ~q) → p

8) Simbolizar as seguintes proposições matemáticas:

A) "x é maior que 5 e menor que 7 ou x não é igual a 6."
B) "Se x é menor que 5 e maior que 3, então x é igual a 4."
C) "x é maior que 1 ou x é menor que 1 e maior que 0."
D) "x é menor ou igual a 2, se e somente se, x é maior que 0."

9) Sabendo que os valores lógicos das proposições p e q são respectivamente V e F, determinar o valor lógico de cada uma das proposições compostas:

A) p ∧ ~ q
B) p ∨ ~ q
C) ~ p ∧ q
D) ~ p ∧ ~ q
E) ~ p ∨ ~ q
F) p → ~q

10) Quantas linhas terá a tabela-verdade da proposição:

(p ∧ q ∨ ~s) → t

11) Determinar o conjunto-verdade ou conjunto-solução de cada uma das sentenças abertas dadas, no universo A= { 1, 4, 9, 10, 11, 12 }

A) "x - 2 é primo"
B) "x + 3 é ímpar"
C) $x^2 -3x + 2 = 0$
D) $(x + 1) \in A$

12) A frase: "Titãs é o nome de um conjunto de valsa ou $12^2 = 144$" é verdadeira ou falsa? Justifique sua resposta.

13) A sentença: "Se formiga é um mamífero então o Brasil pertence ao primeiro mundo." é verdadeira ou falsa? Justifique sua resposta.

14) (ANPAD) Dadas as proposições:
I) Toda mulher é boa motorista
II) Nenhum homem é bom motorista.
III) Todos os homens são maus motoristas.
IV) Pelo menos um homem é mau motorista.
V) Todos os homens são bons motoristas.

Qual das alternativas abaixo reúne o par de proposições em que uma delas é a negação da outra?
A) II e V   B) I e III   C) III e V   D) II e IV   E) IV e V

15) Dispõe-se de alguns livros de Física do autor A, outros do autor B e outros do autor C. Da mesma forma, temos alguns livros de Química do mesmo autor A, outros do B e outros do C. Todos os livros devem ser colocados em duas caixas com o seguinte critério: na primeira caixa, deve-se colocar os livros que satisfaçam a condição " se for do autor A, então não pode ser de Física. "Na segunda caixa, somente os livros que não satisfazem a essa proposição. A primeira caixa deve conter exatamente:

A) Todos os livros de Química do autor A mais todos os de Física dos autores B e C.

B) Todos os livros de Física ou de Química dos autores B e C, mais todos os livros de Química do autor A.
C) Todos os livros de Física do autor A.
D) Todos os livros de Física dos autores B e C.
E) Todos os livros de Química desses três autores.

16) Cada um dos cartões abaixo tem de um lado um número e do outro lado uma letra.

| A | | B | | 2 | | 3 |

Alguém afirmou que todos os cartões que têm uma vogal numa face têm um número par na outra. Para verificar se tal afirmação é verdadeira:

A) É necessário virar todos os cartões.
B) É suficiente virar os dois primeiros cartões.
C) É suficiente virar os dois últimos cartões.
D) É suficiente virar os dois cartões do meio.
E) É suficiente virar o primeiro e o último cartão.

17) Sejam p e q duas proposições. A negação de p ∧ q equivale a:
a) ~ p ∨ ~ q   b) ~ p ∧ ~ q   c) ~ p ∨ q   d) ~ p ∧ q   e) p ∧ ~ q

18) A negação de " para todo real x existe um y tal que y < x" é equivalente a:
A) Existe um real x tal que x ≤ y para todo real y.
B) Não existe um real x tal que x ≤ y para todo real y.
C) Existe um real x tal que y ≤ x para todo real y.
D) Não existe um real x tal que y ≤ x para todo real y.
E) Para todos reais x e y, com x < y, existe um real z , com x < y < z.

19) A proposição (~p ∨ q) → (q ∧ r) é verdadeira, se:
A) p e q são verdadeiras e r, falsa.
B) p e q são falsas e r, verdadeira.
C) p e r são falsas e q, verdadeira.
D) p, q e r são verdadeiras.
E) p, q e r são falsas.

20) Partindo da seguinte equivalência lógica: ~ (p → q) ≡ p ∧ ~q, diga qual das proposições compostas abaixo é a negação de: " Se chove, então não vou à praia."
A) Não chove e vou a praia.
B) Chove ou vou à praia.
C) Chove e vou à praia.
D) Chove e não vou à praia.
E) Se chove, vou à praia.

21) Dadas as premissas:
" Todos os flamenguistas são fanáticos"
" Existem fanáticos inteligentes "

Pode-se tirar a conclusão seguinte:
A) Pode existir algum flamenguista que não seja inteligente.
B) Todo flamenguista é inteligente.
C) Nenhum flamenguista é inteligente.
D) Todo inteligente é flamenguista.
E) Existe flamenguista coerente.

22) Qual das sentenças abaixo pode ser uma negação da proposição: "Se corro, então fico cansado"

A) Não corro ou não fico cansado.
B) Corro e não fico cansado
C) Não corro, e fico cansado.
D) Não fico cansado, se corro.
E) Não corro e fico cansado.

Noções Básicas de Lógica Matemática   25

23) Qual a simplificação lógica da sentença: *"Beto é médico ou Rita é bailarina e Beto é médico ou Ana é professora."*
A) Beto é médico e, Rita é bailarina ou Ana é professora.
B) Beto é médico ou, Rita é bailarina e Ana é professora.
C) Beto é médico e, Rita é bailarina e Ana é professora.
D) Beto é médico ou, Rita é bailarina ou Ana é professora.
E) Beto não é médico ou, Rita não é bailarina e Ana não é professora.

24) (ICMS - SP/1997)
Todas as plantas verdes têm clorofila. Algumas plantas que têm clorofila são comestíveis. Logo,
A) algumas plantas verdes são comestíveis.
B) algumas plantas verdes não são comestíveis.
C) algumas plantas comestíveis têm clorofila.
D) todas as plantas que têm clorofila são comestíveis.
E) todas as plantas verdes são comestíveis.

25) (ICMS - SP/1997)
Todos os marinheiros são republicanos. Assim sendo,
A) o conjunto dos marinheiros contém o conjunto dos republicanos.
B) nenhum marinheiro é republicano.
C) todos os republicanos são marinheiros.
D) algum marinheiro não é republicano.
E) o conjunto dos republicanos contém o conjunto dos marinheiros.

26) (ICMS - SP/1997)
Todos que conhecem João e Maria admiram Maria. Alguns que conhecem Maria não a admiram. Logo,
A) todos os que conhecem Maria a admiram.
B) ninguém admira Maria.
C) alguns que conhecem Maria não conhecem João.
D) quem conhece João admira Maria.
E) só quem conhece João admira Maria.

27) (ICMS - SP/1997)
Válter tem inveja de quem é mais rico do que ele. Geraldo não é mais rico do que quem o inveja. Logo,
A) quem não é mais rico do que Válter é mais pobre do que Válter.
B) Geraldo é mais rico do que Válter.
C) Válter não tem inveja de quem não é mais rico do que ele.
D) Válter inveja só quem é mais rico do que ele.
E) Geraldo não é mais rico do que Válter.

28) (ICMS - SP/1997)
Assinale a única alternativa que apresenta uma **contradição**.
A) Todo espião não é vegetariano e algum vegetariano é espião.
B) Todo espião é vegetariano e algum vegetariano não é espião.
C) Nenhum espião é vegetariano e algum espião não é vegetariano.
D) Algum espião é vegetariano e algum espião não é vegetariano.
E) Todo vegetariano é espião e algum espião não é vegetariano.

29) (ICMS - SP/1997)
Se Rodrigo mentiu, então ele é culpado. Logo,
A) se Rodrigo não é culpado, então ele não mentiu.
B) Rodrigo é culpado.
C) se Rodrigo não mentiu, então ele não é culpado.
D) Rodrigo mentiu.
E) se Rodrigo é culpado, então ele mentiu.

30) (ICMS - SP/1997)
Todo **A** é **B**, e todo **C** não é **B**, portanto,
A) algum A é C.
B) nenhum A é C.
C) nenhum A é B.
D) algum B é C.
E) nenhum B é A.

31) (REFAT - ALBERTO PASQUALINI - 2007)
Sejam p e q proposições e ~p e ~q as suas respectivas negações.
Assinale a opção que representa uma TAUTOLOGIA:
A) p ∧ ~p
B) p → ~p
C) p ∨ ~p
D) p ∨ q
E) ~p → p

32) (ICMS - SP/1997)
O paciente não pode estar bem e ainda ter febre. O paciente está bem. Logo, o paciente
A) tem febre e não está bem.
B) tem febre ou não está bem.
C) tem febre.
D) não tem febre.
E) não está bem.

33) Todo cavalo é um animal. Logo,
A) toda cabeça de animal é cabeça de cavalo.
B) toda cabeça de cavalo é cabeça de animal.
C) todo animal é cavalo.
D) nem todo cavalo é animal.
E) nenhum animal é cavalo.

34) (AFC/ESAF – 2004) Uma professora de matemática faz as três seguintes afirmações:

"X > Q e Z < Y";
"X > Y e Q > Y, se e somente se Y > Z";
"R ≠ Q, se e somente se Y = X".

Sabendo-se que todas as afirmações da professora são verdadeiras, conclui-se corretamente que:
A) X > Y > Q > Z
B) X > R > Y > Z
C) Z < Y < X < R
D) X > Q > Z > R
E) Q < X < Z < Y

"Sempre me pareceu estranho que todos aqueles que estudam seriamente esta ciência acabam tomados de uma espécie de paixão pela mesma. Em verdade, o que proporciona o máximo de prazer não é o conhecimento e sim a aprendizagem, não é a posse, mas a aquisição, não é a presença, mas o ato de atingir a meta".

(Carl Friedrich Gauss)

GABARITO (LISTA 1)

1)   V V V V V V V

2) "Paulo não é professor e Carla não é dentista"

3) "1 ≥ 5 ou x < 3"

4) C

5) "Matemática não é difícil e Física não é fácil"

6) C

7)
a) Não está frio.
b) Está frio e está chovendo.
c) Está frio ou está chovendo.
d) Está chovendo, se e somente se, está frio.
e) Se está frio, então não está chovendo.
f) Está frio ou não está chovendo.
g) Não está frio e não está chovendo.
h) Está frio, se e somente se, não está chovendo.
i) Se está frio e não está chovendo, então está frio.

8) a) $5 < x < 7 \lor x \neq 6$
   b) $(3 < x < 5) \to x = 4$
   c) $(x > 1) \lor (0 < x < 1)$
   d) $x \leq 2 \leftrightarrow x > 0$

9) a) V   b) V   c) F   d) F   e) V   f) V

10) 16 linhas

11) a) {4, 9} b) {4,10,12} c) {1} d) {9, 10, 11}

12) Verdadeira, pois na disjunção (ou), basta que uma das proposições seja verdadeira (a 2ª).

13) Verdadeira, pois a composta condicional (se, então) só é falsa no caso V F, e estamos diante de um caso F F.

14) E   15) B   16) E   17) A   18) A   19) D   20) C   21) A   22) B

23) B   24) C   25) E   26) C   27) E   28) A   29) A   30) B   31) C

32) D   33) B   34) B

1.2) PROBLEMAS COM TABELAS:

As tabelas-verdade que vimos anteriormente são também de grande utilidade prática na resolução de testes e desafios lógicos e com um grande número de informações (o que é muito comum nos concursos públicos).

Não é indispensável o uso de tais tabelas, no entanto elas constituem um valioso instrumento na abordagem de problemas lógicos. São de fácil entendimento e garantem a validade da conclusão, uma vez que todas as hipóteses são analisadas.

Vamos convencionar a seguinte simbologia - toda vez que tivermos certeza de que uma informação é verdadeira, usaremos um **V** na quadrícula correspondente da tabela e, quando tivermos a certeza de que um dado é falso, usaremos um **X** na quadrícula correspondente.

EXEMPLO:

D. Rosa, D. Margarida e D. Dália reuniram-se uma tarde para jogar cartas e tomar chá. Por coincidência, todas levavam flores na lapela.

- Já repararam - disse a que levava uma rosa - que as flores que trazemos têm exatamente os mesmos nomes que nós, mas nenhuma de nós trás a flor correspondente ao seu nome?
- É verdade! Que engraçado - respondeu D. Dália.

Que flor carregava cada uma das senhoras?

SOLUÇÃO:

Pessoa Flor	Rosa	Margarida	Dália
D. Rosa	X		
D. Margarida		X	
D. Dália			X

Noções Básicas de Lógica Matemática

Começamos marcando um X na diagonal principal, já que o problema diz que cada mulher não carregava uma flor igual ao seu próprio nome. Ainda de acordo com o texto verificamos que D. Dália não é a que carrega a rosa, já que ela dialogou com a pessoa que carregava a Rosa. Logo, outra hipótese a ser descartada e marcada com uma cruz.

Pessoa Flor	Rosa	Margarida	Dália
D. Rosa	X		
D. Margarida		X	
D. Dália	X		X

Verifique agora que só restou a possibilidade de D. Margarida estar carregando a rosa (primeira coluna). Marcaremos esta coluna com V e depois completaremos esta linha com X de modo a descartar outras possibilidades.

Pessoa Flor	Rosa	Margarida	Dália
D. Rosa	X		
D. Margarida	V	X	X
D. Dália	X		X

Verificamos, finalmente, que D. Rosa está carregando a dália e D. Dália, a margarida.

Pessoa Flor	Rosa	Margarida	Dália
D. Rosa	X	X	V
D. Margarida	V	X	X
D. Dália	X	V	X

É lógico que existem problemas bem mais complexos e com muitas informações, mas que com a resolução de vários exercícios você ficará familiarizado com a técnica.

Tais tipos de questões são muito comuns também em revistas de passatempos daquelas que encontramos nas bancas de jornal. Você poderá através delas, adquirir mais prática para a resolução dessas questões.

EXERCÍCIO RESOLVIDO: (MPU – 2004)

Ricardo, Rogério e Renato são irmãos. Um deles é médico, outro é professor, e o outro é músico. Sabe-se que:

1) ou Ricardo é médico, ou Renato é médico,
2) ou Ricardo é professor, ou Rogério é músico;
3) ou Renato é músico, ou Rogério é músico,
4) ou Rogério é professor, ou Renato é professor.

Portanto, as profissões de Ricardo, Rogério e Renato são, respectivamente,
a) professor, médico, músico.
b) médico, professor, músico.
c) professor, músico, médico.
d) músico, médico, professor.
e) médico, músico, professor.

SOLUÇÃO: Montaremos uma tabela e vamos marcar as informações dadas

	Ricardo	Rogério	Renato
Médico		X	
Professor	X		
Músico	X		

Pela primeira informação dada, já sabemos que o Rogério não é o médico. Da terceira informação, sabemos que Ricardo não é o músico. Da quarta informação, sabemos que Ricardo não é o professor. Marcamos estas informações na tabela acima e chegamos

Noções Básicas de Lógica Matemática

à conclusão que o Ricardo é o médico. Vamos preencher tal conclusão na tabela e completar a linha de Ricardo com X, vejamos o que vai acarretar ...

	Ricardo	Rogério	Renato
Médico	V	X	X
Professor	X		
Músico	X		

Como já sabemos que Ricardo é médico e a segunda informação do problema diz "ou Ricardo é professor ou Rogério é músico". Se a primeira proposição é FALSA, é preciso que a segunda proposição seja verdadeira. Logo, Rogério é músico. Marquemos na tabela e teremos a resposta final.

	Ricardo	Rogério	Renato
Médico	V	X	X
Professor	X	X	V
Músico	X	V	X

As profissões, portanto, na ordem em que foram pedidas, são:
Ricardo, Médico
Rogério, Músico
Renato, Professor

Gabarito da questão: E

"Quem perde os seus bens, perde muito; quem perde um amigo, perde mais; mas quem perde a coragem, perde tudo."
(Autor desconhecido)

EXERCÍCIO RESOLVIDO: (ANALISTA DE PLANEJAMENTO E ORÇAMENTO DA UNIÃO – 2005)

Mauro, José e Lauro são três irmãos. Cada um deles nasceu em um estado diferente: um é mineiro, outro é carioca, e outro é paulista (não necessariamente nessa ordem). Os três têm, também, profissões diferentes: um é engenheiro, outro é veterinário, e outro é psicólogo (não necessariamente nessa ordem). Sabendo que José é mineiro, que o engenheiro é paulista, e que Lauro é veterinário, conclui-se corretamente que:

a) Lauro é paulista e José é psicólogo.
b) Mauro é carioca e José é psicólogo.
c) Lauro é carioca e Mauro é psicólogo.
d) Mauro é paulista e José é psicólogo.
e) Lauro é carioca e Mauro é Veterinário.

SOLUÇÃO: Montaremos uma tabela e vamos marcar as informações dadas

	Mauro	José	Lauro
Mineiro	X	V	X
Carioca	X	X	V
Paulista	V	X	X
Engenheiro	V	X	X
Veterinário	X	X	V
Psicólogo	X	V	X

Opção correta: D

"A vida é uma pedra de amolar: desgasta-nos ou afia-nos, conforme o metal de que somos feitos".

(George Bernard Shaw)

EXERCÍCIOS PROPOSTOS (LISTA 2)

1) Quatro casais divertem-se juntos numa festa. Os nomes das pessoas que compõem o grupo são: Isabel, Joana, Maria, Ana, Henrique, Pedro, Luís e Rogério. Em certo momento da festa, verifica-se que:

→ A mulher de Henrique não dança com o marido, mas com o de Isabel.
→ Ana e Rogério não dançam.
→ Pedro está na orquestra, toca trumpete, acompanhado ao piano por Maria.
→ Ana não é a mulher de Pedro.

Quem é a mulher de Rogério?
A) Ana B) Isabel C) Joana D) Maria E) nada se pode afirmar

2) (AFTN - 1996)
Os carros de Artur, Bernardo e Cesar são, não necessariamente nessa ordem, uma Brasília, uma Parati e um Santana. Um dos carros é cinza, outro é verde e o outro azul. O carro de Artur é cinza, o carro de César é o Santana, o carro de Bernardo não é verde e não é a Brasília. As cores da Brasília, da Parati e do Santana são, respectivamente:

A) cinza, verde e azul.
B) azul, cinza e verde.
C) azul, verde e cinza.
D) cinza, azul e verde.
E) verde, azul e cinza.

3) Num edifício da minha rua, Abel, Evandro, Luzia, Osvaldo, Nilo, Plínio, Raimundo, Josué, Acir e Alcir moram um em cada andar, do 2º ao 11º. Luzia só mora acima de Abel e de Evandro. Raimundo mora abaixo de Nilo e de Plínio, mas acima de Acir e Josué. Entre Raimundo e Alcir moram duas pessoas. Acir e Abel moram em andares ímpares. Osvaldo mora imediatamente entre Alcir e Luzia, Plínio não mora no último andar. Em que andar mora Josué?

A) 7º B) 5º C) 8º D) 2º E) 3º

Noções Básicas de Lógica Matemática

4) Ana, Beto, Carlos e Diva moram nos bairros: Tijuca, Barra, Copa e Leblon (não necessariamente nesta ordem, um em cada bairro). Sabemos que:
• Beto não é o morador de Copa e Ana é amiga do (a) morador (a) da Tijuca.
• Diva mora na Tijuca e Beto é irmão do morador (a) do Leblon.
• Carlos visita regularmente a pessoa que mora no Leblon.
Onde mora Ana?
A) Tijuca   B) Barra   C) Copa   D) Leblon   E) Nada se pode afirmar

Os sobrenomes de Ana, Beatriz e Carla são: Arantes, Braga e Castro, mas não necessariamente nesta ordem. A de sobrenome Braga, que não é Ana, é mais velha que Carla e a de sobrenome Castro é a mais velha das três. (Esses dados servirão para as questões 5 e 6).

5) Os sobrenomes de Ana, Beatriz e Carla são, respectivamente:
A) Arantes, Braga e Castro.
B) Arantes, Castro e Braga.
C) Castro, Arantes e Braga.
D) Castro, Braga e Arantes.
E) Braga, Arantes e Castro.

6) Relacionando-as, em ordem crescente das idades, teremos:
A) Ana, Beatriz e Carla.
B) Carla, Ana e Beatriz.
C) Beatriz, Carla e Ana.
D) Ana, Carla e Beatriz.
E) Carla, Beatriz e Ana.

"No confronto entre o riacho e a pedra, o riacho sempre vence - Não pela força, mas pela perseverança."
(H. Jackson Brown)

7) Presenteei cada um de meus três filhos com uma lapiseira, de cores distintas. Entreguei-as de forma a que cada um não recebesse a sua própria lapiseira, e procedi da seguinte maneira:
Ao Vinícius entreguei a de cor preta. Luciana recebeu a verde e Lídia a azul. Em seguida pedi que eles descobrissem a lapiseira correta que cada um receberia, com a seguinte informação: "A lapiseira do Vinícius não é a Azul." Logo em seguida, os "espertinhos" sorriram e trocaram as lapiseiras de modo correto. Qual a cor da lapiseira que comprei para a Lídia?

A) Azul
B) Preta
C) Verde
D) Faltam dados para determinar a resposta.

8) QUEM É QUEM?
"- Que diabo de coisas tão esquisitas estão ocorrendo hoje. Ainda ontem tinha sido tudo tão normal !...Será que eu mudei de noite?!... Vamos por partes: era eu mesma quando me levantei esta manhã? Me parece que me senti bastante diferente - mas se eu não sou a mesma, então só há uma pergunta a fazer: que diabo de coisa é que eu sou afinal? Pronto! Aí é que está a grande confusão...
Começou então a lembrar-se de todas as meninas que conhecia com a sua idade, para ver se a tinham trocado por alguma delas.
- Tenho certeza que não sou a Ada - disse - ela tem o cabelo todo aos caracóis e o meu não tem caracóis de espécie alguma; tenho certeza também que não sou a Mabel, porque eu sei tudo, e ela sabe mesmo muito pouco. Depois eu sei que ela é ela e eu sou eu...".
(Alice no País das Maravilhas, de Lewis Carroll)

Alice está confusa e já não sabe quem é. Mas sabe que vive na mesma rua que a Mabel e a Ada, e que uma delas é loura, outra é ruiva e outra é morena. A morena não tem caracóis; Mabel, que não sabe nada, costuma pedir a loura que a ajude nos deveres de casa, e a loura costuma jogar xadrez com Ada aos domingos. As cores dos cabelos de Mabel, Alice e Ada são, respectivamente:

A) morena, loura, ruiva
B) loura, morena, ruiva
C) ruiva, morena, loura
D) loura, morena, ruiva
E) loura, ruiva, morena

9) (ANPAD –1988)
Três pessoas estrangeiras vão prestar exame no Processo Seletivo à Pós-Graduação no Brasil. Partindo das informações abaixo pede-se que você: a) identifique os nomes dessas pessoas b) identifique o país de origem de cada uma delas; c) identifique as instituições em que cada uma deseja cursar a Pós-Graduação.

INFORMAÇÕES:

- Os nomes dos estrangeiros são: Cláudio, Jane e Verônica;
- Os sobrenomes dos estrangeiros são: Jimenes, Raúl e Salatiel;
- Os países de origem são: Uruguai, Argentina e Peru;
- As instituições em que desejam cursar a Pós-Graduação, são: USC, CSU e SUC;
- O argentino quer cursar na CSU;
- O sobrenome de Verônica não é Jimenes;
- O sobrenome do estrangeiro que quer cursar o SUC é Raúl;
- Cláudio é peruano e não quer cursar a USC;
- O país de Jane não é Uruguai.

OPÇÕES:
A) Cláudio Jimenes, Argentina, CSU; Jane Salatiel, Uruguai, USC; Verônica Raúl, Peru, SUC.
B) Cláudio Raúl, Peru, SUC; Jane Jimenes, Argentina, CSU; Verônica Salatiel, Uruguai, USC.
C) Cláudio Salatiel, Peru, USC; Jane Jimenes, Argentina, CSU; Verônica Raúl, Uruguai, USC.
D) Cláudio Raúl, Argentina, CSU; Jane Salatiel, Uruguai, SUC; Verônica Jimenes, Peru, USC.

E) Cláudio Jimenes, Uruguai, USC; Jane Salatiel, Peru, SUC; Verônica Raúl, Argentina, CSU.

10) (ANPAD – 1989)
Três colegas resolveram inscrever-se no teste de seleção para a Pós-graduação em Administração. Partindo das informações que seguem, pede-se que você: a) indique os nomes completos dos colegas; b) indique a idade de cada um deles.

INFORMAÇÕES:

- Os nomes dos colegas são: Adriana, José e Márcia;
- Os sobrenomes dos colegas são: Barbosa, Salvador e Cardoso;
- As idades dos colegas são: 24, 28 e 29 anos;
- O colega de sobrenome Barbosa é cinco anos mais velho do que Márcia;
- O colega de sobrenome Salvador tem 28 anos.

OPÇÕES:
A) Adriana Barbosa, 24 anos; José Salvador, 28 anos e Márcia Cardoso, 29 anos.
B) Adriana Salvador, 28 anos; José Cardoso, 29 anos e Márcia Barbosa, 24 anos.
C) Adriana Barbosa, 29 anos; José Cardoso, 24 anos e Márcia Salvador, 28 anos.
D) Márcia Cardoso, 29 anos; Adriana Barbosa, 24 anos e José Salvador, 28 anos.
E) Adriana Barbosa, 29 anos; José Salvador, 28 anos e Márcia Cardoso, 24 anos.

11) Antônio, Bernardo e Carlos são três colegas de trabalho, casados e com profissões diferentes. Um deles é advogado, um é contador, e o outro é médico. Um deles é casado com Daniela, um é casado com Elza, e o outro é casado com Frida. Sabendo que Bernardo é advogado, que Carlos é casado com Frida, e que Daniela

é casada com o contador, é correto concluir que:

A) Antônio é casado com Elza e Carlos é médico.
B) Antônio é casado com Daniela e Carlos é advogado.
C) Antônio é casado com Daniela e Bernardo é contador.
D) Bernardo é casado com Elza e Carlos é médico.

12) Certo dia, três técnicos distraídos, André, Bruno e Carlos, saíram do trabalho e cada um foi a um local antes de voltar para casa. Mais tarde, ao regressarem para casa, cada um percebeu que havia esquecido um objeto no local em que havia estado. Sabe-se que:

- um deles esqueceu o guarda-chuva no bar e outro, a agenda na pizzaria;
- André esqueceu um objeto na casa da namorada;
- Bruno não esqueceu a agenda e nem a chave de casa.

É verdade que:

A) Carlos foi a um bar.
B) Bruno foi a uma pizzaria.
C) Carlos esqueceu a chave de casa.
D) Bruno esqueceu o guarda-chuva.

13) (AFC – 2002) Um agente de viagens atende três amigas. Uma delas é loura, outra é morena e a outra é ruiva. O agente sabe que uma delas se chama Bete, outra se chama Elza e a outra se chama Sara. Sabe, ainda, que cada uma delas fará uma viagem a um país diferente da Europa: uma delas irá à Alemanha, outra irá à França e a outra irá à Espanha. Ao agente de viagens, que queria identificar o nome e o destino de cada uma, elas deram as seguintes informações:

A loura: "Não vou à França nem à Espanha".
A morena: "Meu nome não é Elza nem Sara".
A ruiva: "Nem eu nem Elza vamos à França".
O agente de viagens concluiu, então, acertadamente, que:

A) A loura é Sara e vai à Espanha.
B) A ruiva é Sara e vai à França.
C) A ruiva é Bete e vai à Espanha.
D) A morena é Bete e vai à Espanha.
E) A loura é Elza e vai à Alemanha.

14) (MPU – 2004) Em torno de uma mesa quadrada, encontram-se sentados quatro sindicalistas. Oliveira, o mais antigo entre eles, é mineiro. Há também um paulista, um carioca e um baiano. Paulo está sentado à direita de Oliveira. Norton, à direita do paulista. Por sua vez, Vasconcelos, que não é carioca, encontra-se à frente de Paulo. Assim,

A) Paulo é paulista e Vasconcelos é baiano.
B) Paulo é carioca e Vasconcelos é baiano.
C) Norton é baiano e Vasconcelos é paulista.
D) Norton é carioca e Vasconcelos é paulista.
E) Paulo é baiano e Vasconcelos é paulista.

15) Três amigas encontram-se em uma festa. O vestido de uma delas é azul, o de outra é preto, e o da outra é branco. Elas calçam pares de sapatos destas mesmas três cores, mas somente Ana está com vestido e sapatos de mesma cor. Nem o vestido nem os sapatos de Júlia são brancos. Marisa está com sapatos azuis. Desse modo:

A) o vestido de Júlia é azul e o de Ana é preto.
B) o vestido de Júlia é branco e seus sapatos são pretos.
C) os sapatos de Júlia são pretos e os de Ana são brancos.
D) os sapatos de Ana são pretos e o vestido de Marisa é branco.
E) o vestido de Ana é preto e os sapatos de Marisa são azuis.

16) (AFC / ESAF – 2006) Amigas desde a infância, Beatriz, Dalva e Valna seguiram diferentes profissões e hoje uma delas é arquiteta, outra é psicóloga, e outra é economista. Sabe-se que ou Beatriz é a arquiteta ou Dalva é a arquiteta. Sabe-se, ainda, que ou Dalva é a psicóloga ou Valna é a economista. Sabe-se, também, que ou Beatriz é a economista ou Valna é a economista.

Noções Básicas de Lógica Matemática 45

Finalmente, sabe-se que ou Beatriz é a psicóloga ou Valna é a psicóloga. As profissões de Beatriz, Dalva e Valna são, pois, respectivamente:

A) psicóloga, economista, arquiteta.
B) arquiteta, economista, psicóloga.
C) arquiteta, psicóloga, economista.
D) psicóloga, arquiteta, economista.
E) economista, arquiteta, psicóloga.

17) (AFC / ESAF – 2006) Três meninos estão andando de bicicleta. A bicicleta de um deles é azul, a do outro é preta, a do outro é branca. Eles vestem bermudas destas mesmas três cores, mas somente Artur está com bermuda de mesma cor que sua bicicleta. Nem a bermuda nem a bicicleta de Júlio são brancas. Marcos está com bermuda azul. Desse modo:

A) a bicicleta de Júlio é azul e a de Artur é preta.
B) a bicicleta de Marcos é branca e sua bermuda é preta.
C) a bermuda de Júlio é preta e a bicicleta de Artur é branca.
D) a bermuda de Artur é preta e a bicicleta de Marcos é branca.
E) a bicicleta de Artur é preta e a bermuda de Marcos é azul.

18) (AFT / ESAF – 2003) Três amigas encontram-se em uma festa. O vestido de uma delas é azul, o de outra é preto, e o da outra é branco. Elas calçam pares de sapatos destas mesmas três cores, mas somente Ana está com vestido e sapatos de mesma cor. Nem o vestido nem os sapatos de Júlia são brancos. Marisa está com sapatos azuis. Desse modo:

A) o vestido de Júlia é azul e o de Ana é preto.
B) o vestido de Júlia é branco e seus sapatos são pretos.
C) os sapatos de Júlia são pretos e os de Ana são brancos.
D) os sapatos de Ana são pretos e o vestido de Marisa é branco.
E) o vestido de Ana é preto e os sapatos de Marisa são azuis.

19) (AFT / ESAF – 2003) Quatro casais reúnem-se para jogar xadrez. Como há apenas um tabuleiro, eles combinam que: a) nenhuma pessoa pode jogar duas partidas seguidas; b) marido e esposa não jogam entre si. Na primeira partida, Celina joga contra Alberto. Na segunda, Ana joga contra o marido de Júlia. Na terceira, a esposa de Alberto joga contra o marido de Ana. Na quarta, Celina joga contra Carlos. E na quinta, a esposa de Gustavo joga contra Alberto. A esposa de Tiago e o marido de Helena são, respectivamente:

A) Celina e Alberto
B) Ana e Carlos
C) Júlia e Gustavo
D) Ana e Alberto
E) Celina e Gustavo

20) (MPU / ESAF – 2006) Ana, Beatriz e Carla desempenham diferentes papéis em uma peça de teatro. Uma delas faz o papel de bruxa, a outra o de fada, e a outra o de princesa. Sabe-se que: ou Ana é bruxa, ou Carla é bruxa; ou Ana é fada, ou Beatriz é princesa; ou Carla é princesa, ou Beatriz é princesa; ou Beatriz é fada, ou Carla é fada. Com essas informações conclui-se que os papéis desempenhados por Ana e Carla são, respectivamente:

A) bruxa e fada
B) bruxa e princesa
C) fada e bruxa
D) princesa e fada
E) fada e princesa

21) (MPU / ESAF – 2006) Ana possui tem três irmãs: uma gremista, uma corintiana e outra fluminense. Uma das irmãs é loira, a outra morena, e a outra ruiva. Sabe-se que: 1) ou a gremista é loira, ou a fluminense é loira; 2) ou a gremista é morena, ou a corintiana é ruiva; 3) ou a fluminense é ruiva, ou a corintiana é ruiva; 4) ou a corintiana é morena, ou a fluminense é morena. Portanto, a gremista, a corintiana e a fluminense, são, respectivamente:

A) loira, ruiva, morena.
B) ruiva, morena, loira.
C) ruiva, loira, morena.
D) loira, morena, ruiva.
E) morena, loira, ruiva.

22) (MPU / ESAF – 2004) Cinco irmãos exercem, cada um, uma profissão diferente. Luís é paulista, como o agrônomo, e é mais moço do que o engenheiro e mais velho do que Oscar. O agrônomo, o economista e Mário residem no mesmo bairro. O economista, o matemático e Luís são, todos, torcedores do Flamengo. O matemático costuma ir ao cinema com Mário e Nédio. O economista é mais velho do que Nédio e mais moço do que Pedro; este, por sua vez, é mais moço do que o arquiteto. Logo:

A) Luís é arquiteto, e o engenheiro é mais velho do que o agrônomo. Pedro é mais velho do que o matemático.
B) Oscar é engenheiro, e o matemático é mais velho do que o agrônomo. Luís é mais velho do que o matemático.
C) Pedro é matemático, e o arquiteto é mais velho do que o engenheiro. Oscar é mais velho do que o agrônomo.
D) Mário é engenheiro, e o matemático é mais velho do que o agrônomo. O economista é mais novo do que Luís.
E) Nédio é engenheiro e o arquiteto é mais velho do que o matemático. Mário é mais velho do que o economista.

23) (MPU / ESAF – 2004) Caio, Décio, Éder, Felipe e Gil compraram, cada um, um barco. Combinaram, então, dar aos barcos os nomes de suas filhas. Cada um tem uma única filha, e todas têm nomes diferentes. Ficou acertado que nenhum deles poderia dar a seu barco o nome da própria filha e que a cada nome das filhas corresponderia um e apenas um barco. Décio e Éder desejavam, ambos, dar a seus barcos o nome de Laís, mas acabaram entrando em um acordo: o nome de Laís ficou para o barco de Décio e Éder deu a seu barco o nome de Mara. Gil convenceu o pai de Olga a pôr o nome de Paula em seu barco (isto é, no barco dele, pai de Olga).

Ao barco de Caio, coube o nome de Nair, e ao barco do pai de Nair, coube o nome de Olga. As filhas de Caio, Décio, Éder, Felipe e Gil são, respectivamente:

A) Mara, Nair, Paula, Olga, Laís.
B) Laís, Mara, Olga, Nair, Paula.
C) Laís, Mara, Paula, Olga, Nair.
D) Paula, Olga, Laís, Nair, Mara.
E) Nair, Laís, Mara, Paula, Olga.

24) (MPU / ESAF – 2006) Quatro carros de cores diferentes, amarelo, verde, azul e preto, não necessariamente nessa ordem, formam uma fila. O carro que está imediatamente antes do carro azul é menos veloz do que o que está imediatamente depois do carro azul. O carro verde é o menos veloz de todos e está depois do carro azul. O carro amarelo está depois do carro preto. As cores do primeiro e do segundo carro da fila, são, respectivamente:

A) amarelo e verde.
B) preto e azul.
C) azul e verde.
D) verde e preto.
E) preto e amarelo.

25) (AFC / ESAF – 2006) Cinco irmãs nasceram, cada uma, em um Estado diferente do Brasil. Lúcia é morena como a cearense, é mais moça do que a gaúcha e mais velha do que Maria. A cearense, a paulista e Helena gostam de teatro tanto quanto Norma. A paulista, a mineira e Lúcia são, todas, psicólogas. A mineira costuma ir ao cinema com Helena e Paula. A paulista é
mais moça do que a goiana, mas é mais velha do que a mineira; esta, por sua vez, é mais velha do que Paula. Logo:

A) Norma é gaúcha, a goiana é mais velha do que a mineira, e Helena é mais moça do que a paulista.

B) Paula é gaúcha, Lúcia é mais velha do que Helena, e a mineira é mais velha do que Maria.
C) Norma é mineira, a goiana é mais velha do que a gaúcha, e Maria é mais moça do que a cearense.
D) Lúcia é goiana, a gaúcha é mais moça do que a cearense, e Norma é mais velha do que a mineira.
E) Paula é cearense, Lúcia é mais velha do que a paulista, e Norma é mais moça do que a gaúcha.

GABARITO (LISTA 2)

01) A	02) D	03) C	04) D	05) D
06) E	07) B	08) A	09) B	10) E
11) D	12) D	13) E	14) A	15) C
16) D	17) C	18) C	19) A	20) A
21) A	22) D	23) C	24) B	25) E

"Ter razão é fácil. Perceber que os outros a têm - eis o problema."
(M. Silva Brito)

1.3) ARGUMENTAÇÃO LÓGICA:

Sejam as proposições: P_1, P_2, P_3, ... P_n, chamamos de argumento toda afirmação que à partir dessa seqüência finita de proposições, acarreta uma proposição final Q.

As proposições P_1, P_2, P_3, ... P_n, são denominadas premissas do argumento lógico e a proposição final Q é denominada conclusão do argumento.

Um argumento de premissas P_1, P_2, P_3, ... P_n e conclusão Q é indicado por:

$$P_1, P_2, P_3, ... P_n \vdash Q$$

OBS: Um argumento P_1, P_2, P_3, ... $P_n \vdash Q$ é considerado válido, se e somente se for impossível que as suas premissas sejam verdadeiras e a sua conclusão seja falsa, ou seja, se as premissas forem verdadeiras, a conclusão não poderá ser falsa.

VERDADE X VALIDADE

Não devemos confundir verdade com validade. A verdade é uma propriedade das proposições que constituem o argumento, enquanto que a validade está relacionada ao argumento em si, ou seja, um argumento será válido ou não válido, as proposições que formam o argumento serão verdadeiras ou falsas.

Podemos sempre usar as tabelas-verdade para examinar a legitimidade de argumentos lógicos, lembrando sempre que num argumento do tipo:
P_1, P_2, P_3, ... $P_n \vdash Q$, o que se precisa verificar é se não se pode obter conclusão (Q) falsa, proveniente de premissas simultaneamente verdadeiras, para que o argumento seja válido.

Noções Básicas de Lógica Matemática

Em outras palavras, sempre que todas as premissas forem verdadeiras, devem gerar conclusão também verdadeira, para o argumento ser considerado válido.

EXEMPLO:
a) Verifique se o argumento abaixo é válido:
$$\pi > 3 \land \pi < 4 \vdash \pi < 4$$

Solução: Sim, pois a premissa é verdadeira, constituída de duas proposições verdadeiras, e não há como, nesse caso que a conclusão seja falsa, pois a conclusão é formada por uma dessas proposições verdadeiras.

b) Verifique se é válido o argumento:
Se chove, a rua se molha, a rua está molhada .... choveu.

Ignorando questões de tempos verbais, nosso argumento pode ser simbolizado por:
$$p \rightarrow q, q \vdash p$$

Vamos, pois construir a tabela verdade e verificar se nas linhas onde as premissas ($p \rightarrow q$ e q) forem verdadeiras, a conclusão (p) também o será.

p	q	p → q
V	V	V
V	F	F
F	V	V
F	F	V

Verificamos que nosso argumento não é válido pois na 3ª linha temos que as premissas são verdadeiras mas que a conclusão (1ª coluna da tabela) é falsa.

Intuitivamente podemos interpretar nosso exemplo como o fato de que a rua estar molhada não garante que tenha chovido, pois ela pode estar molhada por outros motivos.

OBSERVAÇÕES:

1) Denomina-se **SILOGISMO** a um tipo especial de argumento constituído de duas premissas e uma conclusão.
2) Quando um argumento não é válido ele é chamado de **sofisma** ou falácia.

EXEMPLO:
A camisa é lisa ou estampada. A camisa não é lisa, logo a camisa é estampada.

Usando a simbologia adequada, teríamos neste caso: p: a camisa é lisa; q: a camisa é estampada.

Silogismo: $(p \vee q); \sim p \vdash q$

Questões sobre argumentação lógica são também muito comuns em provas de concursos públicos. O que recomendamos é simbolizar todas as premissas e conclusão do argumento, verificando se não há como a conclusão ser falsa, sempre que as premissas forem simultaneamente verdadeiras.

Devemos ainda atentar para um tipo de enunciado típico das argumentações lógicas. Sempre há um encadeamento de idéias, com uma conclusão que costuma vir após palavras de comando do tipo: **logo, segue que, então, acarreta que, ora, etc.**

> "Somos semelhantes a animais quando matamos.
> Somos semelhantes a homens quando julgamos.
> Somos semelhantes a Deus quando perdoamos".
> (autor desconhecido)

Noções Básicas de Lógica Matemática

Vejamos alguns exemplos resolvidos:

1) (AFC/ESAF 1996)
Se Beto briga com Glória, então Glória vai ao cinema. Se Glória vai ao cinema, então Carla fica em casa. Se Carla fica em casa, então Raul briga com Carla. Ora, Raul não briga com Carla. Logo:
A) Carla não fica em casa e Beto não briga com Glória
B) Carla fica em casa e Glória vai ao cinema
C) Carla não fica em casa e Glória vai ao cinema
D) Glória vai ao cinema e Beto Briga com Glória
E) Glória não vai ao cinema e Beto briga com Glória

Solução: Vamos designar por letras minúsculas todas as proposições do problema. Em seguida, montaremos a argumentação, para chegar a algumas conclusões sobre todas as proposições envolvidas.

p: Beto briga com Glória
r: Carla fica em casa
q: Glória vai ao cinema
s: Raul briga com Carla.

Argumentação proposta: (p → q); (q → r); (r → s) ⊢ ~ s

Sugiro, nesse caso, começarmos a nossa análise pela conclusão, forçando-a a ser verdadeira. Se ~ s tem de ser verdadeira, ocorrerá que já temos que a proposição s terá de ser falsa. A partir dessa nossa primeira conclusão, vamos percorrendo (normalmente do fim para o começo) todas as premissas, obrigando-as a serem também verdadeiras, respeitando-se as regras lógicas envolvidas, é claro.

s (Raul briga com Carla), proposição falsa, logo, Raul não briga com Carla.

(r → s) também deve ser uma proposição verdadeira. Como temos agora que s é falsa, acarretará que **r também seja falsa**, já que a condicional do tipo F → F sabemos ser verdadeira. Logo, acabamos de concluir que, se r é falsa, sabemos agora que **Carla não fica em casa.**

Analogamente, se (q → r) é também uma proposição verdadeira, com r falsa, obrigará também que q seja falsa. Logo, temos agora que Glória não vai ao cinema.

Finalizando, o mesmo ocorrerá com a proposição (p → q) que deve ser também verdadeira, com q falsa, acarretará também a necessidade de que p seja falsa, logo, acabamos de concluir também que **Beto não briga com Glória.**

De todas as conclusões a que chegamos na análise do argumento, verificamos que a única opção correta da questão era a letra A.

2) Ilydio é carioca ou Ana é vascaína; Se Vicente é flamenguista, então Ilydio é carioca. Acontece que Ana não é vascaína. Logo:

A) Ilydio não é carioca
B) Vicente não é flamenguista
C) Vicente é flamenguista
D) Não podemos ter certeza se Ilydio é carioca
E) Não podemos ter certeza se Vicente é flamenguista.

SOLUÇÃO:
Proposições:
p: Ilydio é carioca
q: Ana é vascaína
r: Vicente é flamenguista

Argumento:
(p ∨ q); (r → p) ⊢ ~q

Se ~q deve ser verdadeiro (conclusão), acarreta que q (Ana é vascaína) é uma proposição falsa.

Se proposição q é falsa, vai obrigar à proposição p (Ilydio é carioca) a ser uma proposição verdadeira, pelo fato de que a proposição composta (p ∨ q) ter de ser verdadeira.

Noções Básicas de Lógica Matemática 57

Se a proposição p é verdadeira, nada se pode afirmar sobre a proposição r, pois a proposição condicional (r → p) se tornará verdadeira sendo r falso ou verdadeiro, já que p é verdadeiro.

Logo, temos como resposta a opção e, não podemos ter certeza se Vicente é flamenguista.

3) (AFTN – 1996)
Se Nestor disse a verdade, Júlia e Raul mentiram. Se Raul mentiu, Lauro falou a verdade. Se Lauro falou a verdade, há um leão feroz nesta sala. Ora, não há um leão feroz nesta sala. Logo:

A) Nestor e Júlia disseram a verdade.
B) Nestor e Lauro mentiram.
C) Raul e Lauro mentiram.
D) Raul mentiu e Lauro disse a verdade.
E) Raul e Júlia mentiram.

Solução: Representando por letras minúsculas todas as proposições, teremos:
p: Nestor disse a verdade;
q: Júlia mentiu e Raul mentiu
r: Raul mentiu
s: Lauro falou a verdade
t: há um leão feroz nesta sala

Argumento: (p → q); (r → s); (s → t) ├── ~ t

Como ~ t deve ser verdadeiro, temos que t é falso. t sendo falso, acarreta que s também seja falso, para tornar verdade a proposição (s → t). s sendo falso, do mesmo modo, acarreta que r seja falso. r sendo falso obriga a q ser falso também, já que é uma proposição com conectivo e, e uma das partes sendo falsa, gera que a proposição toda seja falsa, independentemente do valor lógico assumido pela outra parte (Júlia mentiu). Finalmente, q sendo falsa, vai obrigar também que p seja falsa, para que a proposição (p → q) se torne verdadeira.

Então, chegamos às seguintes conclusões sobre as proposições:
Nestor não disse a verdade.
Raul não mentiu.
Lauro não falou a verdade.
Júlia pode ter mentido ou não.

Verificamos que a única opção correta é a letra B.

4) (ANPAD - Associação Nacional de Programas de Pós-Graduação em Administração)
Se Marcos for a festa, Luís se retira da festa. Se Luís se retira da festa, Roberto ou Jorge convidam Alice para dançar. Se Alice é convidada para dançar por Roberto ou Jorge e Luís se retira da festa, então Alice aceita. Se Alice é convidada para dançar por Roberto ou Jorge e Luís não se retira da festa, então Alice não aceita. Sabendo que Luís não se retira da festa, quais das seguintes proposições podem ser logicamente deduzidas das informações dadas:

I. Roberto ou Jorge convidam Alice para dançar.
II. Marcos não foi à festa.
III. Alice é namorada de Luís.

A) Somente a I B) somente a II C) somente a III D) I e II apenas E) Todas

Podemos comentar sobre esta questão que é um encadeamento de premissas, com uma conclusão formando um argumento lógico. Se temos a informação de que Luís não se retira da festa, todas as demais premissas devem ser analisadas logicamente, partindo desta verdade e, tornarem-se também verdadeiras para que o argumento seja válido/verdadeiro.

Vejamos a primeira: Se Marcos for a festa, Luís se retira da festa. Temos uma proposição composta por condicional (Se, então....) e, pela informação dada, temos que a 2ª parte é falsa.

Noções Básicas de Lógica Matemática   59

 Pelo que estudamos anteriormente, uma proposição do tipo p → q, com q falso, só será verdadeira se p for também falsa. Logo, isto acarreta que **Marcos não foi à festa.** (II é verdade).

 Vejamos a 2ª premissa: Se Luís se retira da festa, Roberto ou Jorge convidam Alice para dançar. Novamente temos uma proposição composta por condicional, e com a 1ª parte falsa. Logo, a 2ª parte poderá ser verdadeira ou falsa, acarretando em ambos os casos uma premissa composta verdadeira. Assim sendo, não podemos afirmar que Roberto ou Jorge convidam Alice para dançar. (I), seja verdadeira.

 Já podemos afirmar que a resposta certa desta questão é a opção B, pois nem precisamos analisar detalhadamente as demais premissas para saber que III é falsa, pois o argumento dado não faz qualquer referência ao fato de Alice ser a namorada de algum dos rapazes.

5) (AFC / ESAF – 2004) Ana é prima de Bia, ou Carlos é filho de Pedro. Se Jorge é irmão de Maria, então Breno não é neto de Beto. Se Carlos é filho de Pedro, então Breno é neto de Beto. Ora, Jorge é irmão de Maria. Logo:

a) Carlos é filho de Pedro ou Breno é neto de Beto.
b) Breno é neto de Beto e Ana é prima de Bia.
c) Ana não é prima de Bia e Carlos é filho de Pedro.
d) Jorge é irmão de Maria e Breno é neto de Beto.
e) Ana é prima de Bia e Carlos não é filho de Pedro.

Solução: Representando por letras minúsculas todas as proposições, teremos:

p: Ana é prima de Bia
q: Carlos é filho de Pedro;
r: Jorge é irmão de Maria;
s: Breno não é neto de Beto;

O Argumento envolvido nessa questão é:
(p ∨ q); (r → s); (q → ~ s) ⊢ r

    Como a conclusão r deve ser verdadeira, segue que na segunda premissa, a proposição s também deve ser verdadeira. Se s é verdadeira, então ~ s é falsa, o que acarreta, na terceira premissa, que a proposição q também seja falsa, para que a premissa seja verdadeira.
    Se q é falsa, vai acarretar que a proposição p seja verdadeira, para que a primeira premissa seja verdadeira.

Logo, temos as seguintes conclusões:

p (Ana é prima de Bia) é verdadeira;
q (Carlos é filho de Pedro) é falsa;
r (Jorge é irmão de Maria) é verdadeira;
s (Breno não é neto de Beto) é verdadeira.

O que nos mostra que a única opção correta é a letra E.

"A suprema felicidade da vida é a convicção de ser amado por aquilo que você é, ou melhor, apesar daquilo que você é."
(Victor Hugo)

EXERCÍCIOS PROPOSTOS (LISTA 3)

1) (AFTN - 96)
José quer ir ao cinema assistir ao filme "Fogo contra Fogo", mas não tem certeza se o mesmo estará sendo exibido. Seus amigos, Maria, Luís e Júlio têm opiniões discordantes sobre se o filme está ou não em cartaz. Se Maria estiver certa, então Júlio está enganado. Se Júlio estiver enganado, então Luís está enganado. Se Luís estiver enganado, então o filme não está sendo exibido. Ora, ou o filme "Fogo contra Fogo" está sendo exibido, ou José não irá ao cinema. Verificou-se que Maria está certa, logo:

A) o filme "Fogo contra Fogo" está sendo exibido.
B) Luís e Júlio estão enganados.
C) Júlio está enganado, mas não Luís.
D) Luís está enganado, nas não Júlio.
E) José não irá ao cinema.

2) Sabendo-se (∼ p; q ∧ r; s → t ⊢ ∼ t) forma um argumento válido, o que se pode dizer sobre os valores lógicos das proposições **p, q, r, s, t,** respectivamente, nesta ordem?

A) F V V F F   B) F F F V V   C) V V F F F   D) F F F F F   E) V V V V V

3)"Se Ana é estudiosa, Bete é preguiçosa; Bete é preguiçosa e Artur é costureiro; Artur é costureiro e Clóvis é arquiteto. Acontece que Clóvis é arquiteto."
Podemos afirmar que:

A) Ana é estudiosa
B) Ana pode não ser estudiosa
C) Artur não é costureiro
D) Bete não é preguiçosa
E) Clóvis não é Arquiteto.

Noções Básicas de Lógica Matemática 63

4) (AFC - 1996)
Se Carlos é mais velho do que Pedro, então Maria e Júlia têm a mesma idade. Se Maria e Júlia têm a mesma idade, então João é mais moço do que Pedro. Se João é mais moço do que Pedro, então Carlos é mais velho do que Maria. Ora, Carlos não é mais velho do que Maria, então,

A) Carlos não é mais velho do que Júlia e João é mais moço do que Pedro.
B) Carlos é mais velho do que Pedro, e Maria e Júlia têm a mesma idade.
C) Carlos e João são mais moços do que Pedro.
D) Carlos é mais velho do que Pedro, e João é mais moço do que Pedro.
E) Carlos não é mais velho do que Pedro, e Maria e Júlia não têm a mesma idade.

5) Se Alberto é Carioca, Cláudio não é Paulista; Se Cláudio não é Paulista, Rita é mineira; Se Rita é Mineira, Paulo não é Gaúcho; Se Paulo não é Gaúcho, Bruno é Baiano. Ora, Bruno não é Baiano.
De acordo com a argumentação lógica apresentada, sobre a naturalidade dessas pessoas, podemos garantir:

A) Cláudio é Paulista e Rita é Mineira.
B) Cláudio é Paulista e Paulo é Gaucho.
C) Rita é Mineira e Alberto é Carioca.
D) Alberto é Carioca e Paulo é Gaucho.
E) Alberto é Carioca e Cláudio é Paulista.

6) (ANPAD – 1997)
Se Teliles é mais alto do que Anália, então Dalva é mais alta do que Maria. Se Dalva é mais alta do que Maria, então João é mais alto do que Teliles. Ora, Teliles é mais alto do que Anália, logo:

A) Dalva é mais alta do que Maria e João é mais alto do que Anália.
B) Teliles é mais alto do que Maria e Anália é mais alta do que João.
C) João é mais alto do que Anália e Anália é mais alta do que Teliles.
D) Dalva não é mais alta do que Maria ou Anália é mais alta do que Teliles.
E) Teliles é mais alto do que João ou Anália é mais alta do que Teliles.

7) (AFC – 2002)
Ou lógica é fácil, ou Artur não gosta de lógica. Por outro lado, se geografia não é difícil, então lógica é difícil. Daí, segue-se que, se Artur gosta de lógica, então:

A) Se geografia é difícil, então lógica é difícil
B) Lógica é fácil e geografia é difícil
C) Lógica é fácil e geografia é fácil
D) Lógica é difícil e geografia é difícil
E) Lógica é difícil ou geografia é fácil

8) (AFC – 2003) Ana é prima de Bia, ou Carlos é filho de Pedro. Se Jorge é irmão de Maria, então Breno não é neto de Beto. Se Carlos é filho de Pedro, então Breno é neto de Beto. Ora, Jorge é irmão de Maria. Logo:

A) Carlos é filho de Pedro ou Breno é neto de Beto.
B) Breno é neto de Beto e Ana é prima de Bia.
C) Ana não é prima de Bia e Carlos é filho de Pedro.
D) Jorge é irmão de Maria e Breno é neto de Beto.
E) Ana é prima de Bia e Carlos não é filho de Pedro.

9) Homero não é honesto, ou Júlio é justo. Homero é honesto, ou Júlio é justo, ou Beto é bondoso. Beto é bondoso, ou Júlio não é justo. Beto não é bondoso, ou Homero é honesto. Logo,

A) Beto é bondoso, Homero é honesto, Júlio não é justo.
B) Beto não é bondoso, Homero é honesto, Júlio não é justo.
C) Beto é bondoso, Homero é honesto, Júlio é justo.
D) Beto não é bondoso, Homero não é honesto, Júlio não é justo.
E) Beto não é bondoso, Homero é honesto, Júlio é justo.

10) (AFC – 2005) Se Pedro não bebe, ele visita Ana. Se Pedro bebe, ele lê poesias. Se Pedro não visita Ana, ele não lê poesias. Se Pedro lê poesias, ele não visita Ana. Segue-se, portanto que, Pedro:

A) bebe, visita Ana, não lê poesias.
B) não bebe, visita Ana, não lê poesias.
C) bebe, não visita Ana, lê poesias.
D) não bebe, não visita Ana, não lê poesias.
E) não bebe, não visita Ana, lê poesias.

11) Se Alfa é feliz, então Beta é feliz. Se Alfa é infeliz, então Beta ou Gama são felizes. Se Gama é infeliz, então Beta é infeliz. Se Gama é feliz, então Alfa é feliz. Considerando que as afirmações são verdadeiras, segue-se, portanto, que:

A) Alfa é feliz, mas Beta e Gama são infelizes.
B) Alfa, Beta e Gama são infelizes.
C) Alfa, Beta e Gama são felizes.
D) Alfa e Beta são infelizes, mas Gama é feliz.

12) Se o jardim não é florido, então o gato mia. Se o jardim é florido, então o passarinho não canta. Ora, o passarinho canta. Logo:

A) o jardim é florido e o gato mia.
B) o jardim é florido e o gato não mia.
C) o jardim não é florido e o gato mia.
D) o jardim não é florido e o gato não mia

13) (AFC – 2002) Se Iara não fala italiano, então Ana fala alemão. Se Iara fala italiano, então ou Ching fala chinês ou Débora fala dinamarquês. Se Débora fala dinamarquês, Elton fala espanhol. Mas Elton fala espanhol se e somente se não for verdade que Francisco não fala francês. Ora, Francisco não fala francês e Ching não fala chinês. Logo,

A) Iara não fala italiano e Débora não fala dinamarquês.
B) Ching não fala chinês e Débora fala dinamarquês.
C) Francisco não fala francês e Elton fala espanhol.
D) Ana não fala alemão ou Iara fala italiano.
E) Ana fala alemão e Débora fala dinamarquês.

14) (MPU – 2004) Quando não vejo Carlos, não passeio ou fico deprimida. Quando chove, não passeio e fico deprimida. Quando não faz calor e passeio, não vejo Carlos. Quando não chove e estou deprimida, não passeio. Hoje, passeio. Portanto, hoje:

A) vejo Carlos, e não estou deprimida, e chove, e faz calor.
B) não vejo Carlos, e estou deprimida, e chove, e faz calor.
C) vejo Carlos, e não estou deprimida, e não chove, e faz calor.
D) não vejo Carlos, e estou deprimida, e não chove, e não faz calor.
E) vejo Carlos, e estou deprimida, e não chove, e faz calor.

15) (AFC – 2002) Se Carina é amiga de Carol, então Carmem é cunhada de Carol. Carmem não é cunhada de Carol. Se Carina não é cunhada de Carol, então Carina é amiga de Carol. Logo:

A) Carina é cunhada de Carmem e é amiga de Carol.
B) Carina não é amiga de Carol ou não é cunhada de Carmem.
C) Carina é amiga de Carol ou não é cunhada de Carol.
D) Carina é amiga de Carmem e é amiga de Carol.
E) Carina é amiga de Carol e não é cunhada de Carmem.

16) (AFC / ESAF – 2004) Homero não é honesto, ou Júlio é justo. Homero é honesto, ou Júlio é justo, ou Beto é bondoso. Beto é bondoso, ou Júlio não é justo. Beto não é bondoso, ou Homero é honesto. Logo;

A) Beto é bondoso, Homero é honesto, Júlio não é justo.
B) Beto não é bondoso, Homero é honesto, Júlio não é justo.
C) Beto é bondoso, Homero é honesto, Júlio é justo.
D) Beto não é bondoso, Homero não é honesto, Júlio não é justo.
E) Beto não é bondoso, Homero é honesto, Júlio é justo.

17) (ANEEL / ESAF – 2005) Se Pedro não bebe, ele visita Ana. Se Pedro bebe, ele lê poesias. Se Pedro não visita Ana, ele não lê poesias. Se Pedro lê poesias, ele não visita Ana. Segue-se, portanto que, Pedro:

A) bebe, visita Ana, não lê poesias.
B) não bebe, visita Ana, não lê poesias.
C) bebe, não visita Ana, lê poesias.
D) não bebe, não visita Ana, não lê poesias.
E) não bebe, não visita Ana, lê poesias.

18) (AFC / ESAF – 2006) Márcia não é magra ou Renata é ruiva. Beatriz é bailarina ou Renata não é ruiva. Renata não é ruiva ou Beatriz não é bailarina. Se Beatriz não é bailarina então Márcia é magra. Assim,

A) Márcia não é magra, Renata não é ruiva, Beatriz é bailarina.
B) Márcia é magra, Renata não é ruiva, Beatriz é bailarina.
C) Márcia é magra, Renata não é ruiva, Beatriz não é bailarina.
D) Márcia não é magra, Renata é ruiva, Beatriz é bailarina.
E) Márcia não é magra, Renata é ruiva, Beatriz não é bailarina.

19) (AFC / ESAF – 2006) Ana é artista ou Carlos é compositor. Se Mauro gosta de música, então Flávia não é fotógrafa. Se Flávia não é fotógrafa, então Carlos não é compositor. Ana não é artista e Daniela não fuma. Pode-se, então, concluir corretamente que:

A) Ana não é artista e Carlos não é compositor.
B) Carlos é compositor e Flávia é fotógrafa.
C) Mauro gosta de música e Daniela não fuma.
D) Ana não é artista e Mauro gosta de música.
E) Mauro não gosta de música e Flávia não é fotógrafa.

20) (AFC / ESAF – 2003) Investigando uma fraude bancária, um famoso detetive colheu evidências que o convenceram da verdade das seguintes afirmações:

1) Se Homero é culpado, então João é culpado.
2) Se Homero é inocente, então João ou Adolfo são culpados.
3) Se Adolfo é inocente, então João é inocente.
4) Se Adolfo é culpado, então Homero é culpado.

As evidências colhidas pelo famoso detetive indicam, portanto, que:

A) Homero, João e Adolfo são inocentes.
B) Homero, João e Adolfo são culpados.
C) Homero é culpado, mas João e Adolfo são inocentes.
D) Homero e João são inocentes, mas Adolfo é culpado.
E) Homero e Adolfo são culpados, mas João é inocente.

21) (AFC / ESAF – 2003) Se não durmo, bebo. Se estou furioso, durmo. Se durmo, não estou furioso. Se não estou furioso, não bebo. Logo:

A) não durmo, estou furioso e não bebo.
B) durmo, estou furioso e não bebo.
C) não durmo, estou furioso e bebo.
D) durmo, não estou furioso e não bebo.
E) não durmo, não estou furioso e bebo.

22) (ANEEL / ESAF – 2006) Pedro toca piano se e somente se Vítor toca violino. Ora, Vítor toca violino, ou Pedro toca piano. Logo:

A) Pedro toca piano, e Vítor não toca violino.
B) se Pedro toca piano, então Vítor não toca violino.
C) se Pedro não toca piano, então Vítor toca violino.
D) Pedro não toca piano, e Vítor toca violino.
E) Pedro toca piano, e Vítor toca violino.

23) (ANEEL / ESAF – 2006) Se o anão foge do tigre, então o tigre é feroz. Se o tigre é feroz, então o rei fica no castelo. Se o rei fica no castelo, então a rainha briga com o rei. Ora, a rainha não briga com o rei. Logo:

A) o rei não fica no castelo e o anão não foge do tigre.
B) o rei fica no castelo e o tigre é feroz.
C) o rei não fica no castelo e o tigre é feroz.
D) o tigre é feroz e o anão foge do tigre.
E) o tigre não é feroz e o anão foge do tigre.

Noções Básicas de Lógica Matemática   69

24) (Auditor Fiscal Receita Estadual MG) Se André é culpado, então Bruno é inocente. Se André é inocente, então Bruno é culpado. Se André é culpado, Leo é inocente. Se André é inocente, então Leo é culpado. Se Bruno é inocente, então Leo é culpado. Logo, André, Bruno e Leo são, respectivamente:

A) culpado, culpado, culpado;
B) inocente, culpado, culpado;
C) inocente, culpado, inocente;
D) inocente, inocente, culpado;
E) culpado, culpado, inocente.

25) (ANEEL / ESAF) Surfo ou estudo. Fumo ou não surfo. Velejo ou não estudo. Ora, não velejo, assim:

A) estudo e fumo;
B) não fumo e surfo;
C) não velejo e não fumo;
D) estudo e não fumo;
E) fumo e surfo.

"A verdadeira medida de um homem não se vê na forma como se comporta em momentos de conforto e conveniência, mas em como se mantém em tempos de controvérsia e desafio."
(Martin Luther King Jr)

GABARITO (LISTA 3)

01) E	02) A	03) B	04) E	05) B
06) A	07) B	08) E	09) C	10) B
11) C	12) C	13) A	14) C	15) B
16) D	17) C	18) C	19) A	20) A
21) D	22) E	23) A	24) B	25) E

"Com abelhas ou sem abelhas, os problemas interessantes da Matemática têm, para o pesquisador, a doçura do mel".

(Ary Quintela)

14) ARGUMENTO DEDUTIVO E ARGUMENTO INDUTIVO.

A) Dedução:

Um argumento dedutivo será válido quando as premissas e sua conclusão estiverem de tal modo relacionadas que é impossível as premissas serem verdadeiras sem que a conclusão também seja verdadeira, ou seja, no raciocínio dedutivo, a conclusão apenas conserva o que já se havia afirmado nas premissas, sem qualquer extrapolação de contexto ou Universo.

Podemos ainda dizer que um argumento é do tipo dedutivo quando suas premissas fornecerem as provas conclusivas da veracidade da conclusão, isto é, o argumento é dedutivo quando a conclusão é completamente derivada das suas premissas.

EXEMPLO:
Todo homem é racional.
Ora, todo brasileiro é homem.
Logo, todo brasileiro é racional.

Este exemplo de argumento dedutivo pode ser analisado pelo seguinte diagrama:

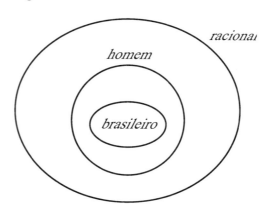

Noções Básicas de Lógica Matemática

B) Indução:

Um argumento indutivo pode ser considerado como sendo "argumento ampliativo" pois a conclusão vai além das premissas, permitindo inferências ou "extrapolações" muitas vezes perigosas e mesmo às custas de sua validade.

Vejamos um exemplo de argumento indutivo:
Ricardo é professor de Matemática e é fã dos Beatles.
Antonio é professor de Matemática e é fã dos Beatles.
Vinícius é professor de Matemática e é fã dos Beatles.
Ilydio é professor de Matemática e é fã dos Beatles.
Logo, todo professor de Matemática é fã dos Beatles.

Pelo que vimos no exemplo, o argumento indutivo é perigoso para gerar demonstrações em matemática. Podemos ter uma propriedade que seja válida para 1 000 000 de números e falhar no 1 000 001º número.

Por conta disso é que temos na matemática algumas propriedades, ainda não demonstradas, que são consideradas **CONJECTURAS.** No momento que ela é demonstrada, dá origem a um teorema.

Como exemplo de uma conjectura ainda não demonstrada até os dias de hoje, a CONJECTURA DE GOLDBACH, que diz que todo número par, maior ou igual a 4, pode ser escrito como uma soma de dois números primos.

Vejamos alguns exemplos. O número 8, por exemplo, é a soma dos primos 5 e 3. O número 14, é a soma dos primos 11 e 3. Já se fez a verificação, por computador, desta propriedade, até números com 15 algarismos, mas a propriedade, como dissemos antes, ainda não foi devidamente demonstrada.

OBSERVAÇÃO:
Verdade e falsidade são predicados das proposições, nunca dos argumentos.

De mesma forma, validade e invalidade só podem pertencer a argumentos dedutivos, mas nunca a proposições. A conexão entre a validade de um argumento e a verdade ou falsidade de suas premissas é algo que não automático, podemos ter, por exemplo, um argumento válido composto de proposições verdadeiras:

• Todas as baleias são mamíferos.
• Todos os mamíferos têm pulmões.
Portanto, todas as baleias têm pulmões.

No entanto, podemos também ter um argumento válido, constituído exclusivamente de proposições falsas, por exemplo:

• Todos os gatos têm doze patas.
• Todos os seres de doze patas voam.
Logo, todos os gatos voam.

EXEMPLO: (ICMS - SP/1997)
Assinale a alternativa em que se chega a uma conclusão por um processo de dedução.

A) Vejo um cisne branco, outro cisne branco, outro cisne branco.... então todos os cisnes são brancos.
B) Vi um cisne, então ele é branco.
C) Todos os cisnes são brancos, então este cisne é branco.
D) Vi dois cisnes brancos, então outros cisnes devem ser brancos.
E) Todos os cisnes são brancos, então este cisne pode ser branco.

SOLUÇÃO: Opção C.

> "Há grandes homens que fazem com que todos se sintam pequenos. Mas o verdadeiro grande homem é aquele que faz com que todos se sintam grandes."
> (Gilbert Keith Chesterton)

2) A TEORIA DOS CONJUNTOS E PROBLEMAS COM DIAGRAMAS.

As estruturas lógicas que vimos anteriormente, acompanhadas dos conceitos básicos da teoria dos Conjuntos, como as operações de União, Interseção e Diferença, nos permitem resolver uma série de problemas práticos, envolvendo quantidades de elementos dos conjuntos, através de figuras que representam os conjuntos e os resultados dessas operações: **Os diagramas.**

UM POUCO DE HISTÓRIA

Leonard Euler (by Emanuel Handmann)

Foi Leonard Euler (1707 – 1783), nascido na Suíça, que em cartas a uma princesa da Alemanha, usou os diagramas para explicar o significado de proposições lógicas:

- Todo **a** é **b**
- Algum **a** é **b**
- Nenhum **a** é **b**
- Algum **a** não é **b**

John Venn

Mais de 100 anos depois de Euler, o lógico inglês John Venn (1834 – 1923) aperfeiçoou o emprego desses diagramas na lógica e na teoria dos conjuntos. Ele usou sempre círculos para representar cada conjunto. Como tais diagramas foram utilizados primeiramente por Euler e depois por Venn, é comum chamá-los de diagramas de Euler/Venn.

A) Problemas Com Dois Conjuntos:

Existem, basicamente, três situações para representar o relacionamento entre dois conjuntos distintos . Vamos designar por **a**, os elementos do conjunto **A** e por **b**, os elementos do conjunto **B**.

a) A ⊂ B (A está contido em B ou B contém A).

"A adversidade desperta em nós capacidades que, em circunstâncias favoráveis, teriam ficado adormecidas."

(Horácio)

A Teoria dos Conjuntos e Problemas com Diagramas

Para tal situação, usamos a representação:

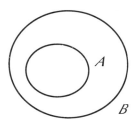

Tal diagrama serve para representar os seguintes tipos de proposições:
• Todo **a** é **b**, mas nem todo b é a. Por exemplo, se tivéssemos uma proposição do tipo "todo carioca é brasileiro", poderíamos usar um diagrama semelhante ao descrito acima.
• a implica **b**; a acarreta **b**; se a, então **b**. Voltando ao exemplo anterior, teríamos: "se uma pessoa é carioca, então é brasileira".

b) $A \cap B \neq \phi$ (Existem elementos comuns a **A** e **B**)

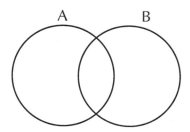

• algum **a** é **b**; algum **a** não é **b**

F) $A \cap B = \phi$ (não existem elementos comuns aos conjuntos A e B)

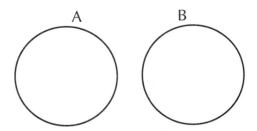

- Nenhum a é b; Nenhum b é a.

Recomendamos que, sempre que tiver que escolher a opção correta decorrente de uma análise de frases que envolvam conjuntos, que seja feito inicialmente um diagrama, como os que mostramos antes, adequado às condições propostas no enunciado.

Vejamos algumas questões comentadas sobre este tópico:
1) (ICMS - SP/1997)
Todos os marinheiros são republicanos. Assim sendo,

A) o conjunto dos marinheiros contém o conjunto dos republicanos.
B) nenhum marinheiro é republicano.
C) todos os republicanos são marinheiros.
D) algum marinheiro não é republicano.
E) o conjunto dos republicanos contém o conjunto dos marinheiros.

SOLUÇÃO: Estamos exatamente no caso a, que mostramos anteriormente. Ao dizer que todos os marinheiros são republicanos, o enunciado informa que o conjunto dos marinheiros está contido no conjunto das pessoas que são republicanas, ou ainda que o conjunto dos republicanos contém o conjunto dos marinheiros, que é a opção E.

2) (ICMS - SP/1997)
Todas as plantas verdes têm clorofila. Algumas plantas que têm clorofila são comestíveis.

Logo,

A) Algumas plantas verdes são comestíveis.
B) Algumas plantas verdes não são comestíveis.
C) Algumas plantas comestíveis têm clorofila.
D) Todas as plantas que têm clorofila são comestíveis.
E) Todas as plantas verdes são comestíveis.

SOLUÇÃO: Vamos ter de representar aqui 3 conjuntos (A, B, C). O das plantas verdes, o das plantas clorofiladas e o das plantas comestíveis.
Devemos fazer o diagrama, respeitadas as condições do texto.

Plantas verdes → A
Plantas com clorofila → B
Plantas comestíveis → C

Existem duas possibilidades, envolvendo os conjuntos B e C, já que o conjunto A deve ser, obrigatoriamente, subconjunto de B. Quando o enunciado diz que algumas plantas que têm clorofila são comestíveis, não especifica o que ocorre entre os conjuntos A e C, de modo que temos as seguintes opções:

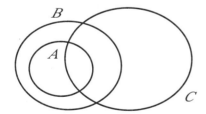 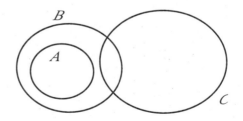

Num caso ou no outro, a única opção que será verdadeira sempre é a **opção C**, que diz que "algumas plantas comestíveis têm clorofila".

3) (AFC - 1996) Os dois círculos abaixo representam, respectivamente, o conjunto **S**, dos amigos de Sara e o conjunto **P**, dos amigos de Paula.

Sabendo que a parte sombreada do diagrama não possui elemento algum, então:

A) todo amigo de Paula é também amigo de Sara.
B) todo amigo de Sara é também amigo de Paula.
C) algum amigo de Paula não é amigo de Sara.
D) nenhum amigo de Sara é amigo de Paula.
E) nenhum amigo de Paula é amigo de Sara.

SOLUÇÃO: Se o enunciado informa que na parte sombreada não existem elementos, podemos apagá-la do diagrama e verificamos que o conjunto P é subconjunto do conjunto S. Dessa forma temos que todo amigo de Paula é também amigo de Sara, **opção A.**

4) (ICMS - SP/1997)
Todo **A** é **B**, e todo **C** não é **B**, portanto,
A) algum A é C.
B) nenhum A é C.
C) nenhum A é B.
D) algum B é C.
E) nenhum B é A.

SOLUÇÃO: Fazendo o diagrama de Euler/Venn, respeitando as condições do enunciado, teremos:

A Teoria dos Conjuntos e Problemas com Diagramas   81

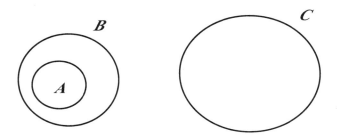

Logo, a única opção possível é a opção B, que informa que nenhum A é C, ou seja, que os conjuntos A e C não têm elementos comuns (são disjuntos).

OBS: **A quantidade de elementos** da União de dois conjuntos será igual ao número de elementos de (A - B) + número de elementos de (B - A) + número de elementos de (A ∩ B).

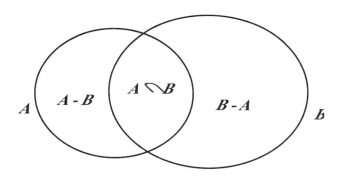

EXEMPLO:
Numa turma de 60 alunos, 40 gostam de Coca-Cola, 30 gostam de Pepsi e 20 gostam dos dois refrigerantes. Determine:

A) Quantos alunos só gostam de Coca-Cola?
B) Quantos alunos só gostam de Pepsi?
C) Quantos alunos gostam de Coca ou Pepsi?
D) Quantos alunos não gostam desses refrigerantes?

SOLUÇÃO:

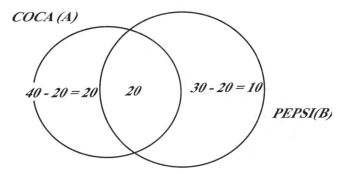

a) Os que só gostam de Coca-Cola pertencem à região A - B e são 20 alunos.
b) Os que só gostam de Pepsi pertencem à região B - A e são 10 alunos.
c) Os que gostam de Coca ou Pepsi pertencem à União dos conjuntos e, sabemos que será a soma de 20 + 20 + 10 = 50 alunos.
d) Os que não gostam desses refrigerantes são os que faltam a 50 (União dos dois conjuntos) para completar a turma toda (60), ou seja 10 alunos.

OBSERVAÇÕES:

a) *Devemos, sempre que for possível, começar a preencher o diagrama pela interseção dos conjuntos, e, em seguida, subtraindo os elementos já computados, completar o diagrama pouco a pouco.*
b) *Este raciocínio vale também para quando forem três ou mais conjuntos, só que o diagrama geral será:*

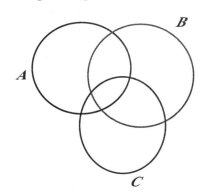

EXEMPLO:

Em uma turma houve as seguintes reprovações no final de um ano letivo: 12 reprovados em Matemática, 5 em Física, 8 em Química, 2 em Matemática e Física, 6 em Matemática e Química, 3 em Física e Química e 1 em Matemática, Física e Química. Quantos foram os alunos reprovados nesta turma?
a) 12   b) 14   c) 16   d) 15   e) 13

SOLUÇÃO:

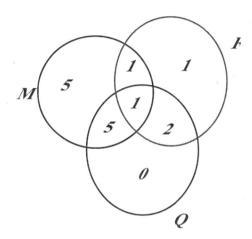

Quantidade total de reprovados
5 + 0 + 1 + 1 + 1 + 2 + 5 = 15 alunos.

> "Quando o homem começa com certezas, termina com dúvidas, mas se ele se contenta em começar com dúvidas, terminará com a certeza."
>
> (Francis Bacon)

EXERCÍCIOS PROPOSTOS (LISTA 4)

1) Em uma escola que tem 415 alunos, 221 estudam Inglês; 163 estudam Francês e 52 estudam ambas as línguas. Quantos alunos não estudam nenhuma dessas línguas?
A) 89   B) 83   C) 54   D) 78   E) 80

2) Uma população consome três marcas de sabão em pó: A, B , C. Feita uma pesquisa de mercado, colheram-se os resultados tabelados abaixo:

A	B	C	A, B	B, C	A, C	A, B,C	Nenhum dos 3
109	203	162	25	41	28	5	115

Determine:
a) Número de pessoas consultadas?
b) Número de pessoas que só consomem a marca A?
c) Número de pessoas que só consomem a marca B?
d) Número de pessoas que consomem duas ou três marcas?

3) Em uma Universidade são lidos os jornais A e B; exatamente 80% dos alunos lêem o jornal A e 60% o jornal B. Sabendo que todo aluno é leitor de pelo menos um dos jornais, o percentual de alunos que lêem ambos é:

A) 48%   B) 140%   C) 60%   D) 80%   E) 40%

4) Foi realizada uma pesquisa numa indústria tendo sido feitas duas perguntas a seus operários. Dos operários, 92 responderam sim à primeira perguntam 80 responderam sim à segunda, 35 responderam sim a ambas e 33 não responderam às perguntas feitas. Pode-se concluir que o número de operários da indústria é:

A) 170   B) 172   C) 205   D) 174   E) 240

A Teoria dos Conjuntos e Problemas com Diagramas

5) Num avião os passageiros são de nacionalidades: brasileira, italiana, argentina e portuguesa, nas proporções: 20% de argentinos, 85% de não italianos e 70% de não portugueses. O percentual de passageiros brasileiros é: (Não está sendo considerada dupla nacionalidade)

A) 60%   B) 45%   c) 40%   d) 35%   e) 15%

6) De 274 crianças, verificou-se que 81 lêem o "Pato Donald", 62 lêem "Mônica" e 160 crianças não lêem nenhuma dessas revistas. Quantas lêem ambas?

a) 114   b) 29   C) 33   D) 31   E) 26

7) Em uma classe de 48 alunos, cada aluno apresentou um trabalho sobre Alimentos, tendo sido indicados dois livros para consulta. O livro A foi consultado por 28 alunos e o livro B por 26 alunos. Quantos alunos consultaram ambos os livros?

A) 6   B) 8   C) 5   D) 12   E) 10

Desejando verificar qual o jornal preferido pelos estudantes, uma pesquisa apresentou os resultados da tabela abaixo, que servirá para as questões 8, 9 10 , 11.

A	B	C	A e B	A e C	B e C	A, B e C	Nenhum
300	250	200	70	65	105	40	150

8) Quantas pessoas lêem apenas o jornal A?

a) 195   b) 205   c) 115   d) 175   e) 300

9) Quantas pessoas lêem os jornais A ou B?

A) 480   B) 320   C) 345   D) 450   E) 390

10) Quantas pessoas não lêem o jornal C?

A) 480 B) 540 C) 500 D) 350 E) 600

11) Quantas pessoas foram consultadas?

A) 550 B) 600 C) 650 D) 700 E) 800

12) Numa cidade sabe-se que as famílias que consomem arroz não consomem macarrão. Sabe-se que: 40% consomem arroz; 30% consomem macarrão; 15% consomem feijão e arroz; 20% consomem feijão e macarrão; 60% consomem feijão. Qual a percentagem das famílias que não consomem esses três produtos?

A) 5% B) 10% C) 15% D) 2,5% E) 12%

13) Num colégio verificou-se que 120 alunos não tem pai professor, 130 alunos não tem mãe professora e 5 alunos têm pai e mãe professores. Qual o número de alunos do colégio, sabendo que 55 alunos possuem pelo menos um dos pais professor e que não existe alunos irmãos.

A) 140 B) 145 C) 135 D) 155 E) 235

14) Considere os pacientes de AIDS classificados em três grupos de risco: hemofílicos, homossexuais e toxicômanos.
Num certo país, de 75 pacientes temos:

* 41 são homossexuais
* 9 são homossexuais e hemofílicos, mas não toxicômanos.
* 7 são homossexuais e toxicômanos, mas não hemofílicos.
* 2 são hemofílicos e toxicômanos, mas não homossexuais.
* 6 são apenas toxicômanos.
* o número de pacientes que são apenas hemofílicos é igual ao número de pacientes que são apenas homossexuais.
* o número de pacientes que pertencem simultaneamente aos três grupos de risco é a metade do número de pacientes que não

A Teoria dos Conjuntos e Problemas com Diagramas   89

pertencem a nenhum dos grupos de risco.

Quantos pacientes pertencem simultaneamente aos três grupos de risco?

A) 0   B) 1   C) 2   D) 3   E) 4

15) Em uma escola existem 151 alunos que têm pelo menos um irmão, 164 alunos que têm pelo menos uma irmã, 72 que têm irmão e irmã e 102 que são filhos únicos. Quantos alunos tem a escola?

A) 345   B) 455   C) 545   D) 645   E) 325

16) Houve um certo mês de abril em que pudemos verificar os seguintes fatos:
• ocorreram 14 dias sem sol.
• ocorreram 20 dias sem chuva.
• ocorreram 2 dias com sol e chuva.

Com base nas informações dadas, responda: Em quantos dias não houve sol e também não choveu?

A) 12   B) 8   C) 5   D) 6   E) 10

17) (ICMS - SP/1997)
Assinale a única alternativa que apresenta uma contradição.

A) Todo espião não é vegetariano e algum vegetariano é espião.
B) Todo espião é vegetariano e algum vegetariano não é espião.
C) Nenhum espião é vegetariano e algum espião não é vegetariano.
D) Algum espião é vegetariano e algum espião não é vegetariano.
E) Todo vegetariano é espião e algum espião não é vegetariano.

18) (AFC - 1996) Em um grupo de 160 estudantes, 60% assistem a aulas de francês e 40% assistem a aulas de inglês mas não às de francês. Dos que assistem a aulas de francês, 25% assistem também a aulas de inglês.

O número de estudantes que assistem a aulas de inglês é:

A) 40   B) 64   C) 66   D) 88   E) 90

19) (ANPAD) Numa Universidade 40% dos alunos têm carro, 25% têm motocicleta e 10% têm tanto carro como motocicleta. Qual a porcentagem dos alunos que não possuem nem carro nem motocicleta?

1) 35%   B) 40%   C) 45%   D) 50%   E) 55%

20) (ANPAD - 95) Seja A ∆ B a operação denominada diferença simétrica dos conjuntos A e B, definida pela igualdade:
A ∆ B = (A - B) ∪ (B - A). Se A = {a, b, c} e B = { b, c, d, e, f}, então A ∆ B é o conjunto:

A) ϕ B) {a}   C) A ∩ B   D) {a, d, e, f}   E) {b, c, d, f}

21) (ICMS - SP/1997)
Marta corre tanto quanto Rita e menos do que Juliana. Fátima corre tanto quanto Juliana. Logo,

A) Fátima corre menos do que Rita.
B) Fátima corre mais do que Marta.
C) Juliana corre menos do que Rita.
D) Marta corre mais do que Juliana.
E) Juliana corre menos do que Marta.

"Quem quer fazer algo encontra um meio; quem não quer fazer nada encontra uma desculpa".

(Provérbio árabe)

A Teoria dos Conjuntos e Problemas com Diagramas 91

22) (ICMS - SP/1997)
Em uma avenida reta, a padaria fica entre o posto de gasolina e a banca de jornal, e o posto de gasolina fica entre a banca de jornal e a sapataria. Logo,

A) a sapataria fica entre a banca de jornal e a padaria.
B) a banca de jornal fica entre o posto de gasolina e a padaria.
C) o posto de gasolina fica entre a padaria e a banca de jornal.
D) a padaria fica entre a sapataria e o posto de gasolina.
E) o posto de gasolina fica entre a sapataria e a padaria.

23) (ICMS - SP/1997)
Em uma classe há 20 alunos que praticam futebol mas não praticam vôlei e há 8 alunos que praticam vôlei mas não praticam futebol. O total dos que praticam vôlei é 15. Ao todo, existem 17 alunos que não praticam futebol. O número de alunos da classe é:

A) 30   B) 35   C) 37   D) 42   E) 44

24) (ICMS - SP/1997)
Cátia é mais gorda do que Bruna. Vera é menos gorda do que Bruna. Logo,

A) Vera é mais gorda do que Bruna.
B) Cátia é menos gorda do que Bruna.
C) Bruna é mais gorda do que Cátia.
D) Vera é menos gorda do que Cátia.
E) Bruna é menos gorda do que Vera.

25) Todo cavalo é um animal. Logo,

A) toda cabeça de animal é cabeça de cavalo.
B) toda cabeça de cavalo é cabeça de animal.
C) todo animal é cavalo.
D) nem todo cavalo é animal.
E) nenhum animal é cavalo.

26) (Agente de Pesquisa – IBGE)
Se, numa vila, todo torcedor do Arranca-toco é homem, mas nem todo homem é torcedor do Arranca-toco, e todo torcedor do Tira-canela é mulher, mas nem toda mulher é torcedora do Tira-canela, então, nessa vila:

(A) existem homens que torcem pelo Tira-canela;
(B) há mais de um homem que não torce pelo Arranca-toco;
(C) existe pelo menos uma mulher que torce pelo Arranca-toco;
(D) ninguém torce por outro time;
(E) há pelo menos duas pessoas que não torcem nem pelo Arranca-toco, nem pelo Tira-canela.

27) (Auditor Fiscal do Trabalho – 2003)
Uma estranha clínica veterinária atende apenas cães e gatos. Dos cães hospedados, 90% agem como cães e 10% agem como gatos. Do mesmo modo, dos gatos hospedados 90% agem como gatos e 10% agem como cães. Observou-se que 20% de todos os animais hospedados nessa estranha clínica agem como gatos e que os 80% restantes agem como cães. Sabendo-se que na clínica veterinária estão hospedados 10 gatos, o número de cães hospedados nessa estranha clínica é:

A) 50   B) 10   C) 20   D) 40   E) 70

Um grupo de jovens foi entrevistado sobre suas preferências por alguns meios de transporte (bicicleta, motocicleta e carro). Os dados apurados na pesquisa foram os seguintes:

I) Somente motocicleta: 5
II) Motocicleta: 38
III) Não gostam de carro: 9
IV) gostam de bicicleta, mas não de carro: 3
V) Gostam de motocicleta e carro, porém não gostam de bicicleta: 20
VI) Não gostam de bicicleta: 72
VII) Nenhuma das três coisas: 1
VIII) Não gostam de motocicleta: 61

A Teoria dos Conjuntos e Problemas com Diagramas				93

Use a pesquisa acima para responder as questões 28, 29 e 30.

28) Qual o número total de pessoas entrevistadas?

A) 99   B) 100   C) 49   D) 103   E) 150

29) Quantas das pessoas consultadas gostam de bicicleta ou moto, mas não de carro?

A) 5   B) 12   C) 8   D) 1   E) 21

30) Quantas dessas pessoas gostam somente de carro?

A) 23   B) 46   C) 2   D) 15   E) 3

31) (AFC / ESAF – 2004)
	Foi feita uma pesquisa de opinião para determinar o nível de aprovação popular a três diferentes propostas de políticas governamentais para redução da criminalidade. As propostas (referidas como "A", "B" e "C") não eram mutuamente excludentes, de modo que o entrevistado poderia se declarar ou contra todas elas, ou a favor de apenas uma, ou a favor de apenas duas, ou a favor de todas as três. Dos entrevistados, 78% declararam-se favoráveis a pelo menos uma delas. Ainda do total dos entrevistados, 50% declararam-se favoráveis à proposta A, 30% à proposta B e 20% à proposta C. Sabe-se, ainda, que 5% do total dos entrevistados se declararam favoráveis a todas as três propostas. Assim, a percentagem dos entrevistados que se declararam favoráveis a mais de uma das três propostas foi igual a:

A) 17%   B) 5%   C) 10%   D) 12%   E) 22%

32) (AFC / ESAF – 2006) Uma escola de idiomas oferece apenas três cursos: um curso de Alemão, um curso de Francês e um curso de Inglês. A escola possui 200 alunos e cada aluno pode matricular-se em quantos cursos desejar. No corrente ano, 50% dos alunos estão matriculados no curso de Alemão, 30% no curso de Francês

e 40% no de Inglês. Sabendo-se que 5% dos alunos estão matriculados em todos os três cursos, o número de alunos matriculados em mais de um curso é igual a:

A) 30   B) 10   C) 15   D) 5   E) 20

33) (MPU / ESAF – 2004) Um colégio oferece a seus alunos a prática de um ou mais dos seguintes esportes: futebol, basquete e vôlei. Sabe-se que, no atual semestre:

➡ 20 alunos praticam vôlei e basquete;
➡ 60 alunos praticam futebol e 65 praticam basquete;
➡ 21 alunos não praticam nem futebol nem vôlei;
➡ o número de alunos que praticam só futebol é idêntico ao número dos alunos que praticam só vôlei.
➡ 17 alunos praticam futebol e vôlei;
➡ 45 alunos praticam futebol e basquete; 30, entre os 45, não praticam vôlei.

O número total de alunos do colégio, no atual semestre, é igual a:

A) 93   B) 99   C) 103   D) 110   E) 114

34) (FINEP) Em um grupo de 54 pessoas, 20 praticam futebol, 15 praticam natação, 12 praticam vôlei, 8 praticam futebol e natação, 6 praticam futebol e vôlei, 2 praticam natação e vôlei e 1 pratica todos esses três esportes. O número de pessoas que não pratica nenhum desses esportes é:

A) 22   B) 23   C) 24   D) 25   E) 26

35) (NOSSA CAIXA – SP)
    Uma escola de uma cidade do interior fez uma excursão com alguns de seus alunos à cidade de São Paulo para visitar o zoológico. Desses alunos:

A Teoria dos Conjuntos e Problemas com Diagramas   95

→ 18 já estiveram antes em São Paulo, mas nunca haviam ido a um zoológico;
→ 28 já tinham ido a algum zoológico, mas nunca haviam ido a São Paulo;
→ ao todo, 44 já haviam ido antes a um zoológico;
→ ao todo, 40 nunca estiveram antes em São Paulo.

Pode-se concluir que a escola levou, nessa excursão:

A) 84 alunos;   B) 80 alunos;   C) 74 alunos;   D) 76 alunos;   E) 66 alunos.

GABARITO (LISTA 4)

01) B	02) ABAIXO	03) E	04) A	05) D
06) B	07) A	08) B	09) A	10) C
11) D	12) A	13) D	14) B	15) A
16) E	17) A	18) D	19) C	20) D
21) B	22) E	23) E	24) D	25) B
26) E	27) E	28) A	29) C	30) B
31) A	32) A	33) B	34) A	35) C

QUESTÃO 2: A) 500 B) 61 C) 142 D) 84

3) QUESTÕES CLÁSSICAS DE RACIOCÍNIO E IMPORTANTES MÉTODOS ALGÉBRICOS E ARITMÉTICOS

Na terceira parte de nosso curso vamos enfocar alguns métodos importantes para a resolução de problemas. Lidaremos aqui no terreno da aritmética e da álgebra e abordaremos temas que nem sempre fazem parte da grande maioria dos livros didáticos, mas que costumam ser bastante cobrados em concursos públicos.

3.1) REGRA DE TRÊS

A resolução de problemas que envolvem grandezas diretamente ou inversamente proporcionais é feita com o auxílio de um processo, através de proporções, denominado regra de três. A regra de três poderá ser simples ou composta, conforme o problema envolver duas ou mais grandezas.

A) Regra de Três Simples.

Ela será **direta**, se as grandezas forem diretamente proporcionais e **inversa** para grandezas inversamente proporcionais. Devemos sempre verificar se as grandezas envolvidas variam de forma direta (ambas aumentam ou diminuem na mesma proporção) ou de forma inversa (uma das grandezas aumenta e a outra diminui na mesma proporção).

É importante também lembrar que, se duas grandezas A e B são **diretamente proporcionais**, teremos que a razão entre dois valores correspondentes dessas seqüências será constante, que designaremos por k.

$\dfrac{A}{B} = k$, onde k é denominada a constante de proporcionalidade.

Por exemplo, as grandezas A e B, que assumem respectivamente os valores listados abaixo, são diretamente proporcionais, vejamos:

A   3   9

B   4   12

Verifique que: $\dfrac{3}{4} = \dfrac{9}{12}$ e que 3 x 12 = 4 x 9.

Em contrapartida, se duas grandezas A e B são **inversamente proporcionais**, teremos que o produto de dois valores correspondentes dessas seqüências será constante, que também designaremos por k, ou seja:

$$A . B = k$$

Note que, como A . B é a mesma coisa que $\dfrac{A}{\frac{1}{B}}$, podemos concluir que se duas grandezas A e B são inversamente proporcionais, a grandeza A será diretamente proporcional aos inversos dos valores da grandeza B.

Essa é a justificativa para o fato que tantos estudantes "memorizam" que quando estão resolvendo Regra de Três do tipo "inversa" eles devem inverter os valores da segunda grandeza. Na prática, o que se faz é transformar grandezas que são inversamente proporcionais em grandezas diretamente proporcionais.

EXEMPLOS:
a) Se, para pintar uma parede de 200 m² são necessárias 5 latas de tinta, qual a superfície que poderia ser pintada, dessa mesma parede, com 11 latas da tinta.

SOLUÇÃO:

Parede (m^2) .... Tinta (latas)
200 5
x 11

Verifique que essas grandezas são diretamente proporcionais, pois com mais tinta podemos pintar, proporcionalmente, uma área maior. Logo, teremos:

$\dfrac{200}{x} = \dfrac{5}{11}$ ou 5 . x = 200 . 11 ou ainda x = $\dfrac{200.11}{5}$ = 440

Resposta: 440 m² de parede.

Por conta do que mostramos acima é que muitos "ensinam" que existe uma regra prática para a resolução de uma regra de três direta. Essa regrinha, que chamam de regra da "cruz" manda que passemos duas retas perpendiculares sobre o "x" do problema, uma vertical e outra horizontal (o x ficará no centro dessa cruz). O valor de x será dado por uma fração onde no numerador faz-se o produto dos valores que foram cortados pela tal "cruz" e no denominador faz-se o produto dos valores que sobraram. Se aplicarmos tal regra no exemplo acima, teremos:

Parede (m2) .... Tinta (latas)

Repare que tal processo recai exatamente no último passo da solução que vimos anteriormente, ou seja: x = $\dfrac{200.11}{5}$ = 440.

Essa "regrinha" que mostramos pode agilizar o processo durante a solução de uma questão de concurso, mas é claro que não dispensa e nem substitui a importância de que o candidato conheça as propriedades e definições de proporções e de grandezas proporcionais.

b) Se 10 operários realizam certa obra em 12 dias de trabalho, quantos operários de mesma capacidade seriam necessários para realizar o mesmo serviço em apenas 8 dias.

SOLUÇÃO:

Operários	dias
10	12
x	8

Note que agora a regra de três é inversa, pois, para realizar a obra em menos dias, necessitamos de mais operários. Neste caso, deve-se inverter uma das colunas do esquema. O motivo da inversão deriva do fato de que, quando duas grandezas são inversamente proporcionais, uma delas será diretamente proporcional ao inverso dos valores da outra, conforme já dissemos antes.

$$x = \frac{10 \cdot 12}{8} = 15$$

Resposta: 15 operários.

B) Regra de Três Composta.

Envolve mais de duas grandezas. E neste caso devemos considerar como várias regras de 3 simples acopladas, e, comparar cada grandeza com a que possui o termo desconhecido (x).

Poderíamos resolver a regra de três composta desmembrando-a em várias regras de três simples ou aplicando a mesma regra prática que mostramos anteriormente.

EXEMPLO:

Se 35 operários completam certa obra em 12 dias, trabalhando 8 h por dia, quantos operários, de mesma capacidade, trabalhando 10 h por dia serão necessários para realizar a mesma obra em 7 dias?

SOLUÇÃO:

```
operários .......... dias .......... horas/dia
   35 ................. 12 ............... 8
    x ................... 7 ............... 10
                         (I)             (I)
```

Perceba que tanto o número de dias, quanto o de horas são inversamente proporcionais ao número de operários, pois, para reduzirmos o número de dias ou de horas de trabalho de uma obra, precisamos aumentar o número de operários.

Logo, precisamos "Inverter" as duas colunas representantes das grandezas dias e horas/dia.

Aplicando agora a regra prática, teremos:

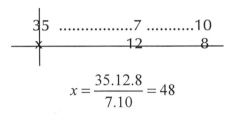

$$x = \frac{35 \cdot 12 \cdot 8}{7 \cdot 10} = 48$$

Resposta: 48 operários.

3.2) REGRA DE SOCIEDADE

Denomina-se regra de sociedade aos problemas de divisão proporcional, que envolvem divisão de lucros ou de prejuízos entre sócios de um empreendimento qualquer. É um método muito antigo e que, em Portugal, era chamado também de Regra de Companhia.

A partilha será proporcional ao capital de ingresso ou ao tempo de permanência de cada sócio, ou a ambos, podendo assim ser **simples** ou **composta** a regra de sociedade, conforme seja a divisão proporcional a um ou a dois elementos.

EXEMPLOS:

1) Os sócios A e B constituíram uma empresa. Entraram cada um com o capital de R$ 7 800,00 e R$ 15 200,00, respectivamente. Após um ano de atividades, lucraram R$ 46 000,00. Quanto coube ao sócio A?

SOLUÇÃO: Verificamos que é uma regra de sociedade simples, e os lucros serão proporcionais aos capitais de ingresso (nesse caso, podemos dividi-los por 100, que mantemos a proporção).

Podemos usar a seguinte maneira prática:

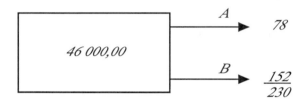

É como se o lucro total fosse dividido em 230 cotas iguais, cabendo 78 cotas ao sócio A e 152 cotas ao sócio B. Logo, teremos:
46 000 : 230 = 200,00 (valor de cada cota)
78 x 200,00 = **15 600,00** (parte do sócio A, no lucro auferido pela sociedade).

2) A firma A,B e C é constituída das seguintes participações:
A - R$ 5000,00, por 2 meses; B - R$ 4000,00, por 5 meses e C - R$ 2000,00, por 6 meses. Qual a parte do sócio majoritário em um lucro de R$ 15 120,00?

SOLUÇÃO: Trata-se, agora, de um caso de regra de sociedade composta, onde as participações serão proporcionais a: 5.2 =10; 4.5 =20 e 2.6 =12, logo, teremos:

Questões Clássicas de Raciocínio 105

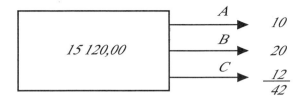

Valor de cada cota = 15 120,00 : 42 = 360,00
Sócio Majoritário (B) = 20 x 360,00 = **7200,00**

DICA !!
Normalmente, o que pode complicar um problema sobre regra de sociedade é o fato de apresentarem várias etapas distintas do empreendimento, onde o lucro é auferido após tais etapas. O que sugiro é determinarmos as participações de cada sócio nas etapas distintas, somando depois todos os parâmetros obtidos.

EXERCÍCIO RESOLVIDO:

Os sócios A e B constituíram uma sociedade, participando respectivamente com R$ 4000,00 e R$ 6000,00. Dois meses depois o sócio A retirou R$ 1000,00 e quatro meses depois desta data, o sócio B retirou R$ 2000,00. Qual a parte que coube ao sócio A num lucro de R$ 11 760,00, auferido após um ano do início?

SOLUÇÃO:

Fase 1: $\begin{cases} A = 4.2 = 8 \\ B = 6.2 = 12 \end{cases}$

Fase 2: $\begin{cases} A = 3.4 = 12 \\ B = 6.4 = 24 \end{cases}$

Fase 3: $\begin{cases} A = 3.6 = 18 \\ B = 4.6 = 24 \end{cases}$

Logo, as participações, após um ano, serão: A = 8 + 12 + 18 = 38 cotas e B = 12 + 24 + 24 = 60 cotas. Logo, teremos:

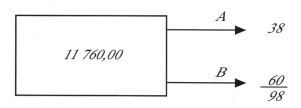

Valor de cada cota = 11 760,00 : 98 = 120,00
Parte do sócio A, no lucro = 38 x 120,00 = **4560,00**

3.3) REGRA DO FALSO NÚMERO OU DA FALSA POSIÇÃO

"Da qual primeiramente haveis de saber que a regra de uma falsa posição não é outra salvo uma obra que fazemos pondo um número falso para que, mediante ele, achemos outro verdadeiro que buscamos. E por esta causa se chama regra de uma falsa posição – por assim pormos nela um número falso somente para, por ele, acharmos o verdadeiro. E não é de maravilhar que, mediante um falso número, achemos o verdadeiro que buscamos porque, segundo diz Aristóteles, muitas vezes pelo falso conhecemos o verdadeiro"

(Ruy Mendes - Prática d'Arismética- Lisboa, Germão Galharde, 1540)

      A técnica da falsa posição ou do falso número é de origem Indiana e parece ter sido inventada depois do século VII, mas temos registros bem anteriores a isso, em outras civilizações. É um procedimento aritmético, envolvendo proporções, que parte de um número qualquer, denominado valor falso, para se obter o valor desejado no problema.

Questões Clássicas de Raciocínio

Comentamos que o tal número falso que arbitramos não é tão "qualquer" assim, pois, aconselha-se adotar sempre um número que seja divisível pelas frações indicadas no texto, de modo a facilitar os cálculos envolvidos.

Vejamos um primeiro exemplo prático de aplicação dessa regra:

A idade de Rita, somada de outro tanto como ela, somada com a sua metade, com a sua terça parte e com a sua quarta parte, dá o resultado 111. Qual a idade de Rita?

SOLUÇÃO: Vou adotar, como falso número (idade de Rita) **o número 12**. A escolha desse valor foi pelo simples fato de que ele é divisível por 2, por 3 e por 4, que são os denominadores das frações envolvidas no enunciado do problema.

Usando o número 12 e aplicando as operações indicadas, iremos obter:
12 + 12 + 6 + 4 + 3 = 37.

Basta agora fazermos um "ajuste", através de uma proporção, da seguinte forma:

	NÚMERO	RESULTADO
FALSO	12	37
VERDADEIRO	X	111

Temos agora que resolver a seguinte proporção:

$$\frac{12}{x} = \frac{37}{111}$$

$$x = \frac{12 \times 111}{37} = 36$$

Conclusão: **Rita tem 36 anos.**

Comentário: É claro que tal problema seria facilmente resolvido (que é como os alunos fazem normalmente) através de uma equação do primeiro grau, vejamos essa outra solução:

$$x + x + \frac{x}{2} + \frac{x}{3} + \frac{x}{4} = 111$$

Observe que recaímos (e não poderia ser diferente) no mesmo cálculo que chegamos ao aplicarmos a técnica da falsa posição.

Sabe-se também que um dos mais antigos documentos ainda existentes de Matemática, que é o "Papiro de Ahmes (Rhind)" (guardado no Museu Britânico), contém cerca de 80 problemas de matemática, resolvidos. Os problemas, na sua maioria, diziam sobre o cotidiano dos antigos egípcios e tratavam de coisas como: preço do pão, alimentação do gado, armazenamento de grãos, etc. Como os egípcios não tinham ainda a Álgebra, aplicavam técnicas aritméticas, predominantemente a de "Falso Número". As incógnitas dos problemas ou números desconhecidos eram, comumente chamados de "montão".

Vejamos um desses problemas do "Papiro de Rhind".

Um montão, sua metade, seus dois terços, todos juntos são 26. Diga-me quanto é esse montão?

SOLUÇÃO: Vamos agora usar o valor falso 18 (você já deve saber o porque).

---

1 Em 1855, um advogado e antiquário escocês, A. H. Rhind (1833 - 1863), viajou, por razões de saúde, ao Egito em busca de um clima mais ameno, e lá começou a estudar objetos da Antiguidade. Em 1858, adquiriu um papiro que continha textos matemáticos. É o papiro Rhind ou Ahmes, datado aproximadamente no ano 1650 a.C., onde encontramos um texto matemático na forma de manual prático que contém 85 problemas copiados em escrita hierática pelo escriba Ahmes de um trabalho mais antigo. (fonte: http://www.matematica.br/historia)

A metade de 18 é 9 e seus dois terços valem $\left(\dfrac{2}{3} \times 18 = 12\right)$

Logo, de acordo com o enunciado, teremos:
18 + 9 + 12 = 39

Aplicando agora os ajustes necessários, teremos:

	NÚMERO	RESULTADO
FALSO	18	39
VERDADEIRO	X	26

$$\dfrac{18}{x} = \dfrac{39}{26}$$
$$x = \dfrac{18 \times 26}{39} = 12$$

Logo, o resultado procurado (o montão) é o número 12.

Repita o mesmo exercício anterior, usando qualquer valor como número falso (e não 18, como fizemos). Você irá constatar que a resposta final será a mesma, independentemente do valor falso escolhido.

Justificativa do Método:

Na realidade tal método é adequado para questões do tipo ax = b, ou, usando notações mais modernas, temos uma função linear (y = f(x) = ax) e desejamos saber para que valor de x ela terá imagem igual a b. A proporção que usamos nos exemplos anteriores nada mais é que decorrente da semelhança entre triângulos que aparece no gráfico dessa função.

Vejamos um exemplo simples:

Um número, mais a sua metade é igual a 12. Qual é esse número?

Nesse caso, temos a função f, de IR, em IR, definida por $f(x) = x + \dfrac{x}{2}$ e, buscamos para qual valor de x temos f(x) = 12.

Usando o valor falso, x = 4, por exemplo, teremos o resultado f(4) = 4 + 2 = 6. Aplicando o "ajuste" teríamos que a resposta correta é 8. Vejamos o que ocorre no gráfico dessa função:

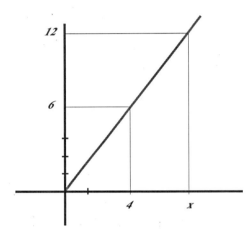

$$\dfrac{4}{6} = \dfrac{x}{12}$$

Esta proporção justifica o método utilizado nos casos da regra de falsa posição.

Para equações do tipo ax + b = c a regra não funcionaria, mas podemos usar uma regra similar, denominada de "dupla falsa posição".

Para usarmos a regra de dupla falsa posição, devemos considerar a função f(x) = ax + b − c, atribuir dois valores falsos, x_1 e x_2, calcular os valores numéricos correspondentes, $f(x_1)$ e $f(x_2)$ e, em seguida, montar a proporção:

$$\dfrac{f(x_2) - f(x_1)}{x_2 - x_1} = \dfrac{f(x_2) - c}{x_2 - c} = \dfrac{f(x_2) - f(x)}{x_2 - x}$$

Questões Clássicas de Raciocínio

Graficamente, o que temos é:

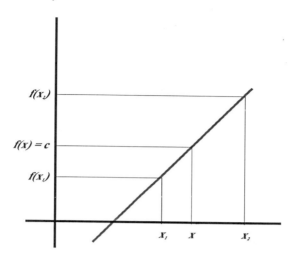

Esse método pode ser bastante útil em questões de provas de raciocínio lógico de concursos públicos e sua justificativa deriva de gráficos de funções e interpolação linear.
Resolva agora, aplicando as regras da falsa posição às questões seguintes:

1) Um aluno deveria multiplicar um número natural por 500, mas, por distração, esqueceu-se de colocar o zero final do produto obtido. Dessa forma também, o resultado tornou-se 55350 unidades inferior. Qual o número que ele queria multiplicar por 500?
a) 123   b) 321   c) 118   d) 76   e) 32

SOLUÇÃO: Vamos supor que o tal número, a ser multiplicado por 500 fosse o número 100. O resultado correto da multiplicação seria 500 x 100 = 50 000. Mas como o aluno não colocou o zero final, o resultado obtido foi 5000. Dessa forma, a quantidade de unidades encontradas "a menos" foi de 50 000 − 5000 = 45 000.

Montando agora a regra de três para o ajuste, teremos:

	NÚMERO	DIFERENÇA
FALSO	10	45 000
VERDADEIRO	X	55 350

$$\frac{10}{x} = \frac{45\ 000}{55\ 350}$$

$$x = \frac{100 \times 55\ 350}{45\ 000} = 123 \quad \textbf{Gabarito A}$$

2) O Sr. "Enkren-Kado" reservou um quinto do seu salário para o aluguel, um terço do salário para alimentação, um quarto do salário para transportes e educação e ainda lhe sobraram R$ 130,00. Qual o salário dele?

A) R$ 350,00   B) R$ 450,00   C) R$ 600,00   D) R$ 850,00   E) R$ 250,00

SOLUÇÃO: Vamos supor que o salário fosse de 60 reais (escolhemos esse valor por ser divisível por 5, por 3 e por 4).
Aluguel = 1/5 de 60 = 12 reais
Alimentação = 1/3 de 60 = 20 reais
Transportes e educação = ¼ de 60 = 15 reais.
Gasto total = 12 + 20 + 15 = 47 reais, logo há uma sobra de 60 – 47 = 13 reais.

Fazendo a regra de três do ajuste, teremos:

	SALÁRIO	SOBRA
FALSO	60	13
VERDADEIRO	X	130

Nesse caso demos sorte, pois como a diferença correta é 10 vezes a diferença que encontramos com o valor falso usado, o salário correto será igual a 10 vezes o que usamos, ou seja, 10 x 60 = 600 reais, **opção C**

Tanto a regra da falsa posição, quando a regra da dupla falsa posição, dão o valor exato de x.
Para problemas não lineares, podemos aplicar a regra de dupla falsa posição, obtendo valores aproximados para x.
Cardano (séc. XVI) aplicava, repetidas vezes, a regra da falsa posição, visando melhorar a aproximação do resultado.

Atualmente usamos tal regra, com o nome de **Interpolação Linear**, para aproximarmos um arco de curva por um segmento de reta.

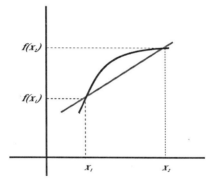

Esse tipo de recurso é muito usado em problemas de Matemática Financeira, quando consultamos tabelas específicas e não encontramos o valor exato de um resultado procurado para taxa ou para o tempo.

Encontramos inclusive alguns registros, entre os antigos babilônios, de problemas desse tipo, como: Em quanto tempo o capital de 1 gur, aplicado a 20% ao ano, duplica de valor?

Sabemos que esse capital terá de gerar um montante igual a 2 gur e que, a cada ano, ficará multiplicado por 1,2 (100% + 20% = 120% = 1,2), ou seja:

$1 \times (1,2)^n = 2$

Temos aqui a função exponencial $f(x) = (1,2)^x$

Sabemos que $(1,2)^3 = 1,7280$ e que $(1,2)^4 = 2,0736$

Fazendo $x_1 = 3$ e $x_2 = 4$, com $f(x_1) = 1,7280$ e $f(x_2) = 2,0736$ e aplicando a regra da dupla falsa posição, teremos:

$$\frac{f(x_2) - f(x_1)}{x_2 - x_1} = \frac{f(x_2) - f(x)}{x_2 - x}$$

$$\frac{2,0736 - 1,7280}{4 - 3} = \frac{2,0736 - 2}{4 - x}$$

$$\frac{0,3456}{1} = \frac{0,0736}{4 - x}$$

Fazendo o produto cruzado, teremos: 0,3456 . (4 – x)=0,0736 ou
1,3824 – 0,3456. x = 0,0736
0,3456 . x = 1,3824 – 0,0736
0,3456 . x = 1,3088, o que acarreta x = 1,3088 : 0,3456 ≅ 3,787 anos.

Na solução dos babilônios, colocaram a seguinte resposta para tal problema: De 4 anos, deve-se subtrair 2,5 meses, ou seja

$4 - \frac{2,5}{12} \cong 3,79$ anos.

Usando uma moderna calculadora financeira, teremos a resposta 3,8018 anos, o que mostra que tivemos uma excelente aproximação da resposta.

Resolva agora, aplicando as regras da falsa posição ou dupla falsa posição, a questão:

Durante quanto tempo deve ser aplicado um capital qualquer, sob taxa composta de 5% ao mês, para ficar quadruplicado?

EXERCÍCIOS PROPOSTOS (LISTA 5)

1) A herança de um certo senhor foi dividida entre sua mulher, sua filha, seu filho e o cozinheiro. Sua filha e seu filho ficaram com a metade da herança, repartindo-a na proporção de 4 para 3. Sua mulher ganhou o dobro do filho. Se o cozinheiro recebeu R$500,00 por sua parte, então o valor da herança, em reais, era de:

A) 3500,00   B) 5500,00   C) 6500,00   D) 7000,00   E) 7500,00

2) (TRT) Um trem, de 400 m de comprimento, tem velocidade de 10 km/h. Quanto tempo ele demora para atravessar completamente uma ponte de 300 m de comprimento?

A) 1 min 48 s   B) 2 min 24 s   C) min 36 s   D) 4 min 12 s   E) 5 min

3) (TRT) Se 3 homens embrulham 72 ovos de páscoa em 15 minutos, e 4 mulheres embrulham 120 ovos de páscoa em 18 minutos, quantos ovos de páscoa são embrulhados por 2 homens e 3 mulheres em 20 minutos?

A) 144   B) 152   C) 164   D) 186   E) 192

4) Um motoqueiro, numa velocidade de 80 km/h, percorreu certa distância em 6 dias, viajando 4 h 30 min por dia. "Afrouxando" em 1/10 sua velocidade e viajando 6 h por dia, quantos dias levará para percorrer a mesma distância?

A) 4   B) 5   C) 6   D) 7   E) 8

5) A pode fazer uma peça em 9 dias de trabalho. B é 50% mais eficiente que A. O número de dias que B deverá demorar para fazer a mesma peça é:

A) 13,5   B) 4,5   C) 6   D) 3   E) 7

Questões Clássicas de Raciocínio   119

6) Um automóvel subiu uma encosta viajando a 10 km/h e desceu-a a 20 km/h. A velocidade média do percurso é:

A) 12,5 km/h   B) $13\frac{1}{3}\ km/h$ C) 14,5 km/h   D) 15 km/h   E) 16,5 km/h

7) (Telerj - Aux. Administrativo) Se seu coração bombeia 80 ml de sangue por segundo, em um dia, ele bombeará, aproximadamente:

A) 7 litros   B) 70 litros   C) 500 litros   D) 5 000 litros   E) 7 000 litros

8) Jonas percorreu uma distância de 50 km em sua primeira viagem. Numa segunda viagem ele percorreu 300 km no triplo da velocidade da primeira. O tempo de percurso da segunda viagem comparado com o da primeira foi:

A) o triplo   B) o dobro   C) o mesmo   D) a metade   E) um terço

9) (Procuradoria - M.P da União) Uma costureira confecciona 40 blusas em 3 dias de 7 horas de trabalho; outra costureira confecciona o mesmo número de blusas em 2 dias de 9 horas. Trabalhando juntas, em quantos dias de 7 horas farão 260 blusas?

A) 7   B) 36   C) 12   D) 9   E) 8

10) Dois automóveis, cujas velocidades são 80 km/h e 60 km/h, partem, no mesmo instante, de duas cidades separadas por uma distância de 420 km, um de encontro ao outro. Em quanto tempo eles se encontrarão?

A) 1h   B) 3 h   C) 5 h   D) 2 h   E) 4 h

11) (TTN -1989) Se 2/3 de uma obra foi realizada em 5 dias por 8 operários, trabalhando 6 horas por dia, o restante da obra será feito, agora com 6 operários trabalhando 10 horas por dia, em:

A) 7 dias   B) 6 dias   C) 2 dias   D) 4 dias   E) 3 dias

12) Um automóvel, correndo com velocidade de 84 km/h, deve percorrer uma certa distância em 9 h. Depois de 3 h de viagem houve um desarranjo no motor e o automóvel teve de parar durante 45 min. Com que velocidade deve continuar a viagem para chegar ao ponto final na hora fixada?

A) 96 km/h   B) 100 km/h   C) 90 km/h   D) 120 km/h   E) 200 km/h

13) Pelo transporte de 350 kg de mercadorias, a 20 km de distância, certa empresa cobrou R$ 1400,00. Quanto cobrará para transportar 9 toneladas, a 300 km de distância, se, devido ao longo percurso, ela faz o abatimento de 2/9?

A) R$ 340000,00
B) R$ 420000,00
C) R$ 540000,00
D) R$ 345900,00
E) R$ 650000,00

14) Dois cavalos foram pagos na razão direta de suas velocidades e na razão inversa de suas idades. Sabendo que a velocidade do primeiro está para a do segundo, como 3 está para 4, que as idades do primeiro e do segundo são, respectivamente, 3 anos e 9 meses e 5 anos e 4 meses, e que pelo primeiro foram pagos R$ 4 800,00, qual foi o preço do segundo?

A) R$5000,00   B) R$4200,00   C) R$4500,00   D) R$4800,00   E) R$2800,00

15) Tenho comida para alimentar 18 galinhas durante 30 dias. Passaram-se 6 dias e um cachorro matou 2 galinhas. Quanto tempo durará a comida após a morte das 2 galinhas?

A) 24   B) 27   C) 33   D) 45   E) 30

Questões Clássicas de Raciocínio 121

16) Um reservatório possui 3 torneiras de entrada que o enchem completamente em 2h, 3h e 5h, respectivamente e duas torneiras de saída, que o esvaziam completamente em 4h e 6h. Em quanto tempo o reservatório ficará cheio, estando vazio e abrindo-se simultaneamente as 5 torneiras?

A)1h 30 min B)2h 34 min C)3h 10 min D)1h 37 min 17 s E)1h 34 min 10 s

17) (FUVEST – 1999 – 1ª FASE)
Um nadador, disputando a prova dos 400 metros, nado livre, completou os primeiros 300 m em 3 minutos e 51 segundos. Se este nadador mantiver a mesma velocidade média nos últimos 100 metros, completará a prova em:

A) 4 minutos e 51 segundos
B) 5 minutos e 8 segundos
C) 5 minutos e 28 segundos
D) 5 minutos e 49 segundos
E) 6 minutos e 3 segundos

18) (Banco do Brasil)
Um operário poderia realizar um trabalho em 20 dias e outro em 24 dias. O primeiro trabalhou 8 dias e adoeceu; o segundo operário, então convidado, concluiu o trabalho iniciado pelo companheiro. Quantos dias levou para concluir o serviço?

A) 14 2/5 B) 14 3/5 C) 14 D) 15 E) 15 2/5

19) (Banco do Brasil)
Um tanque cúbico de 20 dm de lado contém 650 dal de água. Que tempo levará uma torneira para acabar de enchê-lo, se ela deposita 300 cl de água por minuto?

A) 8 h B) 9 h C) 9 h 30 min D) 9 h 20 min E) 8 h 20 min

20) (Banco do Brasil - 1992)
Num relógio, o ponteiro das horas percorreu 210 graus. Qual foi o tempo gasto no percurso?

A) 6 h 30 min   B) 7 h   C) 7 h 30 min   D) 8 h   E) 8 h 30 min

21) Um internato tem víveres para 74 alunos, e suficientes para 2 meses. Recebendo mais 16 alunos, ao fim da 1ª quinzena, quantos dias ainda durarão os alimentos?

A) 37   B) 45   C) 52   D) 56   E) 68

22) Trabalhando 10 h, durante 15 dias, 8 pedreiros fizeram uma parede de concreto de 48 m². Se tivessem trabalhado 12 horas diárias, e se o número de operários fosse reduzido de 2, quantos dias levariam para fazer outra parede cuja área fosse o dobro daquela?

A) 23 d 5h   B) 34 d 6h   C) 33 d 4h   D) 45d   E) 36 d 2h

23) Em 28 dias, 12 operários fazem a metade de uma obra; quanto tempo será necessário para fazer a obra toda, se despedirmos 4 operários?

A) 34   B) 45   C) 56   D) 48   E) 84

24) Trabalhando 8 horas por dia, 15 fiscais fazem 1200 fiscalizações em 30 dias. Com mais 1 h de trabalho diário e mais 5 fiscais, qual o número de dias necessários para a realização de 1800 fiscalizações?

A) 15   B) 34   C) 25   D) 30   E) 45

25) Ocorreu a formação de uma sociedade por três pessoas A, B e C, sendo que A entrou com um capital de R$50.000,00 e nela permaneceu por 40 meses, B entrou com um capital de R$60.000,00

Questões Clássicas de Raciocínio   123

e nela permaneceu por 30 meses e C entrou com um capital de R$30.000,00 e nela permaneceu por 40 meses. Se o resultado (que pode ser um lucro ou um prejuízo) da empresa após um certo período posterior, foi de R$25.000,00, quanto deverá receber (ou pagar) o sócio minoritário?

A) R$ 10 000,00   B) R$ 9000,00   C) R$ 6000,00   D) R$ 8000,00

GABARITO (LISTA 5)

01) D	02) D	03) C	04) B	05) C
06) B	07) E	08) B	09) D	10) B
11) C	12) A	13) B	14) C	15) B
16) D	17) B	18) A	19) E	20) B
21) A	22) C	23) E	24) D	25) C

"Tempo difícil esse em que estamos, onde é mais fácil quebrar um átomo do que um preconceito."

(Albert Einstein)

34) O PRINCÍPIO DA CASA DOS POMBOS

Vamos imaginar a seguinte situação: que você tenha 4 pombos, para alojar em 3 casas disponíveis. É claro que, obrigatoriamente, pelo menos dois desses pombos terão de ficar em uma mesma casa.

Esse princípio simples, que pode ser generalizado como "se dispomos de **(n +1)** pombos para colocar em **n** casas, então, certamente que ao menos dois deles terão de ser colocados em uma dessas casas."

Esse princípio, que é uma contribuição de Dirichlet (1805 – 1859), da Universidade de Gottingen (Alemanha) pode ser usado na resolução de diversos problemas de matemática.

Veja o seguinte exemplo: "Você tem uma gaveta de seu armário com 12 pares de meias brancas (todas iguais entre si), 8 pares de meias pretas (todas iguais entre si) e 5 pares de meias azuis (todas iguais entre si). Acontece que ocorreu um problema com o fornecimento de energia elétrica e ficou tudo escuro. Você precisa, para sair, pegar uma quantidade de meias que lhe garanta que duas ao menos serão da mesma cor. Quantas meias você deve pegar?"

Acertou, se respondeu quatro meias, já que as quantidades existentes não são importantes, o que importa é a quantidade de cores existentes (como as casas dos pombos). Já que são três cores, precisamos retirar uma a mais (quatro). Dessa forma estamos garantindo que duas, pelo menos, serão iguais, pelo princípio das casas dos pombos.

Observe agora um outro exemplo:

Quantas pessoas devem existir num grupo de modo a que possamos garantir que duas delas, pelo menos, nasceram no mesmo mês?
A resposta, pelo mesmo princípio da casa dos pombos, é 13 pessoas, já que são 12 os meses do ano (casas dos pombos) e precisamos ter uma pessoa a mais.

EXERCÍCIOS RESOLVIDOS:

1) Quantas pessoas devemos ter, no mínimo, numa sala, de modo a que possamos garantir que 4 delas tenham nascido num mesmo mês?

SOLUÇÃO: Como são 12 meses, se tivéssemos 3 pessoas por mês ainda não teríamos como garantir a coincidência pedida. Com uma pessoa a mais, teremos, obrigatoriamente, a existência de 4 pessoas num mesmo mês. Resposta: 3 x 12 + 1 = 37 pessoas.

2) Uma caixa contém 100 bolas de cores distintas. Destas, 30 são vermelhas, 30 são verdes, 30 são azuis e 10 pretas. O menor número de bolas que devemos tirar da caixa, sem lhes ver a cor, para termos a certeza de haver pelo menos 10 bolas da mesma cor é:

a) 31   B) 33   C) 35   D) 37   E) 38

SOLUÇÃO: São 4 cores distintas. Se tivéssemos 9 de cada cor (pior hipótese), ainda não teríamos como garantir as 10 iguais, como foi pedido. Se tivermos uma a mais que essas 36, teremos como garantir a igualdade de 10 com a mesma cor. Logo, a resposta é 37 bolas.

3) (MPU / ESAF – 2004) Ana guarda suas blusas em uma única gaveta em seu quarto. Nela encontram-se sete blusas azuis, nove amarelas, uma preta, três verdes e três vermelhas. Uma noite, no escuro, Ana abre a gaveta e pega algumas blusas. O número mínimo de blusas que Ana deve pegar para ter certeza de ter pegado ao menos duas blusas da mesma cor é:

A) 6   B) 4   C) 2   D) 8   E) 10

SOLUÇÃO: Gabarito A

São 5 cores distintas, logo se ela pegar 5 blusas pode dar o "azar" de ter tirado uma de cada cor. Mas se ela retirar 6 blusas, como não tem seis cores distintas, pelo menos duas delas serão repetidas.

3.5) APLICANDO AS OPERAÇÕES INVERSAS (DO FIM PARA O COMEÇO)

Princípios elementares, como as operações inversas, podem com muita vantagem ser aplicados na resolução de problemas de matemática que, muitas vezes, seriam muito complexos e trabalhosos, se resolvidos pelos métodos clássicos de equacionamento.

Trata-se de resolver alguns problemas, que envolvem seqüências de operações, de trás para frente, aplicando as operações inversas. Vamos resolver algumas questões, a título de modelo.

1) A princesa Alice foi colher maçãs num jardim encantado. Quando regressava ao palácio, já com o cesto cheio, um duende mal encarado disse-lhe.
- Só vai seguir o seu caminho se deixar comigo a metade das maçãs que carregas, mais uma.

A princesa, com medo, atendeu ao pedido e seguiu viagem. Mais adiante, levou outro susto, quando um segundo duende a interpelou e disse:
- Só vai seguir o seu caminho se deixar comigo a metade das maçãs que carregas, mais uma.

Novamente Alice atendeu ao pedido e seguiu.

Ao chegar na entrada do palácio encontrou um guarda que fez a mesma solicitação: Metade das maçãs e mais uma para que ela entrasse. Não tendo outra alternativa, Alice voltou a atender e ficou apenas com duas maçãs. Quantas maçãs a princesa Alice colheu?

SOLUÇÃO: Podemos armar o seguinte esquema:

Questões Clássicas de Raciocínio

```
        :2 - 1        :2 - 1         :2 - 1
  ? ─────────────→ ─────────────→ ─────────────→ 2
       1º duende      2º duende       guarda
  30 ←──────── 14 ←──────── 6 ←────────
     (14+1).2 =30   (6+1).2 = 14   (2+1).2 = 6
```

Fazendo o caminho inverso, teremos:
(2 + 1) . 2 = 6
(6+1) . 2 = 14
(14+1) .2 = 30

Resposta: 30 maçãs.

Observe que, no fluxo das operações envolvidas, escrevemos : 2 – 1, pois representamos o que estava acontecendo com as maçãs do cesto, após cada fase. Sempre a quantidade era dividida por dois e subtraída de uma maçã, que era entregue ao duende ou ao guarda do palácio.

Tente resolver a questão acima pelos métodos convencionais, equacionando o problema, e você vai constatar a simplicidade da solução que apresentamos.

2) Um senhor levava uma cesta de ovos para dar de presente a seus cinco netos. Ao primeiro, ele deu metade dos ovos que levava, mais 1 ovo. Ao segundo, deu metade do que ficou, mais 2 ovos. Ao terceiro, deu metade do que restou. Ao quarto deu metade do novo resto, mais 3 ovos e ao quinto, deu metade do novo resto, mais 1 ovo.
Quantos ovos o senhor tinha na cesta inicialmente, sabendo que ao chegar em casa ele comeu os únicos dois ovos restantes?

SOLUÇÃO:

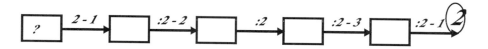

Aplicando as operações inversas, começando nas duas maçãs que ficaram, teremos:

(2 + 1) x 2 = 6
(6 + 3) x 2 = 18
18 x 2 = 36
(36 + 2) x 2 = 72
(72 + 1) x 2 = 146 - **Resposta: 146 ovos**

IMPORTANTE:

Nas duas questões que resolvemos há a coincidência de que a retirada foi sempre da METADE da quantidade existente. Ora, quando se retira a metade, sempre vai restar a outra metade do que existia. O que devemos fazer quando o que se retira não é a metade da quantidade existente? Devemos lembrar que o que deve ser representado no fluxo das operações é a quantidade que SOBRA. Se retiramos 1/3, sobrarão 2/3. Se retiramos 2/5, sobrarão 3/5, e assim sucessivamente.

Uma outra coisa importante é que para representarmos uma fração no esquema que estamos propondo, devemos lembrar que uma fração corresponde a uma multiplicação e uma divisão. Desse modo, a fração 2/3, seria colocada no fluxo como (x 2 : 3). A fração 3/5, seria representada como (x3 : 5)...e assim sucessivamente.

Não se esqueça de que a fração a ser representada, nesses casos, é a que SOBRA e não a parte que foi gasta.

Questões Clássicas de Raciocínio   131

Vejamos dois exemplos desse tipo:

1) Joana foi às compras com o seu irmão mais novo. Na primeira loja, gastou metade do dinheiro que levava e mais trinta reais numa camisa para o irmão. Na segunda loja, gastou um terço da quantia restante e mais sessenta reais, num vestido para si. Finalmente, gastou resto do dinheiro num sapato, que lhe custou 130 reais. Que quantia tinha Joana ao sair de casa?

SOLUÇÃO: Na primeira etapa do fluxo que montaremos, representaremos a fração ½ já que Joana gastou a metade do dinheiro e a sobra será também da metade desse dinheiro. Na segunda etapa, como a parte gasta foi de 1/3, a sobra será de 2/3 e é essa fração que terá de ser representada (x 2 : 3). Vejamos:

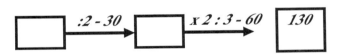

Aplicando as operações inversas, teremos:
(130 + 60) x 3 : 2 = 285
(285 + 30) x 2 = **630,00**

2) Um comerciante distribui ¼ das balinhas que possuía e, em seguida, recebe de presente 3 balinhas; na segunda vez, distribui 1/3 do que possuía então e a seguir ganha de presente 2 balinhas; na terceira vez, distribui 1/7 das balinhas que possuía então e fica com 36 balinhas. Quantas balinhas possuía a princípio?

SOLUÇÃO: Se o comerciante, na primeira vez, distribui ¼ das balinhas, sobram ¾ (primeira etapa do fluxo). Na segunda etapa, ele distribui 1/3 das balinhas restantes, sobram então 2/3 (segunda etapa do fluxo).
Finalmente, se ele distribui 1/7 das que sobraram, restaram então 6/7 (terceira etapa do fluxo).

Vejamos:

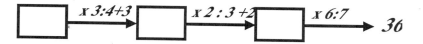

Aplicando agora as operações inversas, teremos:
(36 x 7 : 6) = 42
(42 – 2) x 3 : 2 = 60
(60 – 3) x 4 : 3 = 76

Resposta: **76 balinhas.**

3.6) O PRINCÍPIO MULTIPLICATIVO, PROBLEMAS DE CONTAGEM E DE PROBABILIDADES.

É muito comum em concursos públicos, nas provas de Raciocínio Lógico, a cobrança de questões envolvendo cálculo combinatório (contagem) e probabilidades. Inspirado no excelente livro de John Allen Paulos – "O Analfabetismo em Matemática e suas Conseqüências", estudaremos uma série de exemplos com a intenção de mostrar que existe uma forma bastante simples de resolvermos esse tipo de questões, e sem qualquer uso de fórmulas decoradas, trata-se do Princípio Fundamental da Contagem ou Princípio Multiplicativo.

O PRINCÍPIO MULTIPLICATIVO O CÁLCULO COMBINATÓRIO E PROBABILIDADES

O chamado princípio multiplicativo é de enunciado bem simples e muito importante na matemática. As suas aplicações, nem sempre tão simples assim, envolvem as mais distintas áreas do conhecimento humano, como mostraremos nos exemplos apresentados.

Questões Clássicas de Raciocínio

De acordo com o princípio multiplicativo, se alguma escolha pode ser feita de M diferentes maneiras e alguma escolha subseqüente pode ser feita de N diferentes maneiras, há M X N diferentes maneiras pelas quais essas escolhas podem ser feitas sucessivamente. Assim, se uma pessoa tem quatro blusas e três calças, ela tem 4 x 3 = 12 escolhas de conjuntos do tipo calça/blusa, já que cada uma das quatro blusas (B1,B2,B3,B4) pode ser usada com qualquer uma das três calças (C1, C2, C3), produzindo os seguintes trajes (B1C1, B1C2, B1C3; B2C1, B2C2, B2C3, B3C1, B3C2, B3C3, B4C1, B4C2, B4C3). Analogamente, a partir de um cardápio de um restaurante, composto de quatro aperitivos, sete entradas e três sobremesas, um cliente pode compor 4 x 7 x 3 = 84 jantares diferentes, desde que peça os três serviços.

Do mesmo modo, o número de resultados possíveis quando se lança um par de dados é 6 x 6 = 36; qualquer um dos seis números do primeiro dado pode ser combinado com qualquer um dos seis números do segundo dado. O número de resultados possíveis quando o segundo dado difere do primeiro é 6 x 5 = 30; qualquer um dos seis números do primeiro dado pode ser combinado com os cinco números restantes no segundo dado. O número de resultados possíveis quando se lançam três dados é 6 x 6 x 6 = 216. O número de resultados quando os números nos três dados diferem é 6 x 5 x 4 =120.

Esse princípio tem uma aplicabilidade muito importante para cálculos que envolvem números grandes e etapas com muitas opções de escolha. Por exemplo, em uma cidade onde os números dos telefones fossem constituídos de 8 algarismos, sem qualquer restrição para estações, a quantidade máxima de telefones, que poderiam ser instalados seria de 10^8 telefones, de acordo com o princípio multiplicativo, pois para cada dígito teríamos sempre 10 opções de escolha (de zero a 9) e os mesmos poderiam ser repetidos no número. Vejamos mais algumas questões de aplicação:

Questão 1:
Qual a quantidade máxima possível, de placas de automóvel que podem ser fabricadas num país onde cada placa é formada por 3 letras e quatro algarismos, sem restrições, usando-se um alfabeto de 26 letras?

SOLUÇÃO: Como é usado um alfabeto de 26 letras e são 10 os algarismos disponíveis, teremos:
26 x 26 x 26 x 10 x 10 x 10 x 10 = $26^3 \times 10^4$ = 175 760 000 placas.

Questão 2:
Quantas seriam as placas possíveis, se neste mesmo país não fossem permitidas repetições de letras ou de algarismos?

SOLUÇÃO: 26 x 25 x 24 x 10 x 9 x 8 x 7 = 78 624 000 placas. Essa variação ocorreu em função de não serem agora permitidas repetições de letras ou de algarismos.

Questão 3:
Quando os líderes de oito países do Ocidente se reúnem para o importante evento de um encontro de cúpula - sendo fotografados em grupo -, podem ser alinhados de 8 x 7 x 6 x 5 x 4 x 3 x 2 x 1 = 40 320 diferentes maneiras. Concorda?

Dessas 40.320 maneiras, em quantas o presidente Bush e o presidente Lula ficariam lado a lado? (Lula e Bush fazem parte do grupo).

SOLUÇÃO: Para responder a isto, suponha que Bush e Lula sejam enfiados num grande saco.
Essas sete entidades (os seis líderes restantes e o saco) podem ser alinhadas de 7 x 6 x 5 x 4 x 3 x 2 x 1 = 5 040 maneiras (invocando mais uma vez o princípio multiplicativo). Este número deve ser então multiplicado por dois, pois, assim que Bush e Lula tiverem sido retirados do saco, teremos uma escolha quanto a qual dos dois líderes situados lado a lado deve ser inserido em

primeiro lugar. Há portanto 10.080 maneiras para os líderes se alinharem em que Bush e Lula ficariam lado a lado.

Em conseqüência, se os líderes fossem aleatoriamente alinhados, a probabilidade de que esses dois ficassem vizinhos um do outro seria $\dfrac{10\,080}{40\,320} = \dfrac{1}{4} = 25\%$.

Verifique que, até agora, estamos trabalhando de uma forma bastante intuitiva, onde não estamos com preocupação de definir conceitos precisos ou fórmulas mirabolantes. Pelo exemplo anterior, já se percebe que a probabilidade de ocorrência de um evento pode ser calculada através de uma razão (entre o número de casos favoráveis e o número total de casos possíveis).

FIQUE SABENDO ...

➡ Certa vez Mozart compôs uma valsa em que especificou onze diferentes possibilidades para catorze dos dezesseis compassos e duas possibilidades para um dos outros compassos. Assim, há 2×11^{14} variações na valsa, das quais apenas uma minúscula fração já foi ouvida.

➡ As pessoas geralmente não avaliam o quanto uma coleção assim aparentemente arrumadinha pode ser grande. São inúmeros os exemplos que podemos listar, em todas as áreas, com aplicações desse importante princípio fundamental da contagem (ou multiplicativo). Problemas como os que vimos até agora, sem necessidade de uso de qualquer fórmula especial, se encaixam em duas famílias importantes da matemática combinatória: os ARRANJOS e as PERMUTAÇÕES.

CASQUINHAS COM TRÊS BOLAS E MEGA-SENA

Uma famosa sorveteria anuncia 31 diferentes sabores de sorvete. O número possível de casquinhas com três bolas sem nenhuma repetição de sabor é, portanto, 31 x 30 x 29 = 26.970.

Dessa forma, qualquer um dos 31 sabores pode vir em cima, qualquer um dos 30 restantes no meio, e qualquer um dos 29 remanescentes embaixo.

Se não estivéssemos interessados no modo como os sabores estariam dispostos na casquinha, mas simplesmente em quantas casquinhas com três sabores existiriam, teríamos que dividir 26.970 por 6, chegando ao resultado de 4.495 casquinhas.

Por que será que o total obtido teria de ser dividido por 6?

A razão por que dividimos por 6 é que há 6 = 3 x 2 x 1 diferentes maneiras de dispor os 3 sabores numa casquinha. Por exemplo, se os sabores escolhidos fossem morango (M), baunilha (B) e chocolate (C), teríamos as opções: MBC, MCB; BMC; BCM, CBM e CMB. Uma vez que o mesmo se aplica a cada uma das casquinhas com três sabores, o número dessas casquinhas seria (31 x 30 x 29) / (3 x 2 x 1) = 4 495 casquinhas com 3 sabores, escolhidos dentre os 31 oferecidos (sem importar a ordem de colocação desses 3 sabores na casquinha).
Um exemplo menos engordativo é fornecido pelas muitas loterias existentes em nosso país. A mega-sena, por exemplo, cujo jogo mínimo consiste na escolha de 6 dezenas, dentre as 60 disponíveis. Caso a ordem de escolha dos números fosse importante na escolha do apostador, teríamos 60 x 59 x 58 x 57 x 56 x 55 jogos distintos, com seis dezenas. Mas como sabemos que a ordem de escolha desses números não é importante, temos que dividir esse resultado por 6 x 5 x 4 x 3 x 2 x 1 = 720, já que qualquer uma das seqüências de seis números pode ser decomposta em 720 outras apostas iguais. Teremos, portanto **50 063 860** possibilidades de escolha das 6 dezenas, dentre as 60 dezenas disponíveis na Mega-sena.

Verifique que uma pessoa que escolher apenas uma dessas apostas (6 dezenas, que é a aposta mínima) terá uma possibilidade em 50 063 860 de ser o ganhador do prêmio, ou seja, 1/50063860 (0,000001997%).

Será que, do ponto de vista matemático, vale a pena jogar?

Questões Clássicas de Raciocínio

Outro exemplo, e este de considerável importância para jogadores de cartas, é o número de mãos no pôquer de cinco cartas. Haveria 52 x 51 x 50 x 49 x 48 maneiras possíveis de receber cinco cartas se a ordem das cartas distribuídas fosse relevante, já que um baralho completo tem 52 cartas. Como não é, dividimos o produto por (5 x 4 x 3 x 2 x 1) e verificamos que há 2 598 960 mãos possíveis. Uma vez que este número seja conhecido, várias probabilidades úteis podem ser calculadas.

Por exemplo, as chances de receber quatro ases, por exemplo, são de $\dfrac{48}{2\,598\,960}$ (cerca de uma em 50 mil), já que há 48 modos possíveis de receber uma mão com quatro ases correspondendo às 48 cartas que poderiam ser a quinta carta nessa mão.

Observe que a forma do número obtido é a mesma nos 3 exemplos:

➡ (31x30x29) / (3x2x1) diferentes casquinhas com três sabores;
➡ (60x59x58x57x56x55) / (6x5x4x3x2x1) maneiras de escolher seis números entre os sessenta disponíveis da mega-sena e
➡ (52x51x50x49x48) / (5x4x3x2x1) diferentes mãos de pôquer.

Números obtidos desta forma são chamados **coeficientes combinatórios** ou combinações. Eles surgem quando estamos interessados no número de maneiras de escolher R elementos a partir de N elementos e **não estamos interessados na ordem em que os R elementos são escolhidos.**

O princípio da multiplicação é tão importante no âmbito da Matemática Combinatória é tal que, nos exemplos que vimos até agora, surgiram os três casos de problemas clássicos de contagem: **Arranjos, Permutações e Combinações.**

Um análogo do princípio da multiplicação pode ser usado para calcular probabilidades. Se dois eventos são independentes no sentido de que o resultado de um não tem influência no resultado do outro, a probabilidade de ambos ocorrerem é calculada multiplicando-se as probabilidades dos eventos individuais.

Por exemplo, a probabilidade de obter duas caras em dois arremessos de uma moeda é $\frac{1}{2} \times \frac{1}{2} = \frac{1}{4}$, já que entre as quatro possibilidades igualmente prováveis — coroa, coroa; coroa, cara; cara, coroa; cara, cara — uma é um par de caras. Pela mesma razão, a probabilidade de cinco lançamentos sucessivos de uma moeda resultarem em caras é $\left(\frac{1}{2}\right)^5 = \frac{1}{32}$, já que uma das 32 possibilidades igualmente prováveis são cinco caras consecutivas.

De maneira similar, dada a probabilidade de uma pessoa escolhida aleatoriamente **não ter nascido** em julho é $\frac{11}{12}$, e como os aniversários das pessoas são independentes, a possibilidade de nenhuma de doze pessoas escolhidas aleatoriamente ter nascido em julho é $\left(\frac{11}{12}\right)^{12}$ (0,352, ou 35,2%).

A independência dos eventos é uma noção muito importante em probabilidade, e quando vigora, o princípio da multiplicação simplifica consideravelmente nossos cálculos.

Através dos diversos exemplos que apresentamos, procuramos ressaltar a aplicabilidade e simplicidade do princípio fundamental da contagem (multiplicativo), no terreno da Matemática Combinatória. Vimos ainda que mesmo sem usar qualquer tipo de fórmulas, podemos resolver a maioria desses problemas e isso pode ser um passo fundamental para o estudo e o entendimento dos problemas que se apresentam nessa importante parte da Matemática Discreta e que tem sido constantemente cobrada em provas de Raciocínio Lógico de concursos públicos.

EXERCÍCIOS PROPOSTOS (LISTA 6)

1) Você sabe que existem 9 números de um algarismo, 90 números de dois algarismos, 900 números de três algarismos, etc. Considere agora cada número cujo último algarismo à direita representa o número de algarismos desse número. Por exemplo, o número 9 074 é um deles, pois 4 é o número de seus algarismos. Quantos números desse tipo existem ?

A) 99 999 999   B) 99 999 992   C) 100 000 000   D) 10 000 000
E) 1 000 000 000

2) Pedro saiu de casa e fez compras em quatro lojas, cada uma num bairro diferente. Em cada uma gastou a metade do que possuía e a seguir, ainda pagou R$ 2,00 de estacionamento. Se no final ainda tinha R$ 8,00, que quantia tinha Pedro ao sair de casa?

A) R$ 220,00   B) R$ 204,00   C) R$ 196,00   D) R$ 188,00   E) R$ 180,00

3) Dentro de uma urna foram colocadas 432 bolas, numeradas de 1 a 432. Qual a menor quantidade de bolas que devemos retirar dessa urna, aleatoriamente, para que possamos ter a certeza de que, pelo menos duas delas, tenham seus números terminados pelo mesmo algarismo?

A) 32   B) 10   C) 11   D) 21   E) 300

Um homem tem em uma gaveta, todas misturadas, várias meias, nas seguintes quantidades:
• 12 meias azuis
• 14 meias brancas
• 16 meias beges
• 8 meias cinzas.
Com base nas informações acima, responda as **TRÊS** próximas questões.
4) Qual a quantidade mínima de meias que ele deve retirar da gaveta, sem olhar suas cores, de modo a que possamos garantir que três delas, pelo menos, terão a mesma cor?

Questões Clássicas de Raciocínio

A) 5   B) 9   C) 13   D) 15   E) 20

5) Qual a probabilidade que existe, deste homem retirar uma meia (sem olhar a cor) e sair uma meia branca?

A) 25%   B) 28%   C) 16%   D) 24%   E) 50%

6) Qual a probabilidade que existe, deste homem retirar, sucessivamente, e sem reposição, duas meias e ambas serem de cor azul?

A) 5,76%   B) 5,39%   C) 6,34%   D) 8,90%   E) 12%

7) Dois tenistas A e B iam disputar um prêmio de R$80 000,00 em 5 jogos e seria considerado vencedor aquele que ganhasse 3 ou mais partidas. Em cada jogo, ambos tinham chances iguais de vencer pois eram jogadores de mesma categoria. Após os dois primeiros jogos, que foram vencidos pelo jogador A, um mau tempo impediu a continuação da disputa e, então decidiu-se repartir o prêmio entre eles. Levando-se em conta apenas o aspecto probabilístico, qual a premiação que seria mais justa para o jogador B, em reais?

A) 5 000   B) 10 000   C) 30 000   D) 40 000   E) 70 000

8) Numa rifa, concorrem 240 bilhetes, numerados, seqüencialmente, de 1 a 240. Uma pessoa descobriu que o número sorteado era um múltiplo de 4. Qual a probabilidade deste número sorteado ter sido o 24?
A) 2,3%   B) 5,67%   C) 1,67%   D) 3,24%   E) 7,89%

9) Para ter acesso a certo arquivo de um microcomputador, o usuário deve realizar duas operações; digitar uma senha composta por três algarismos distintos e, se a senha estiver correta, digitar uma segunda senha composta de duas letras distintas, escolhidas de um alfabeto de 26 letras.

Quem não conhece as senhas pode fazer tentativas. O número máximo de tentativas necessárias para ter acesso ao arquivo é:

A) 4120   B) 3286   C) 2720   D) 1900   E) 1370

10) Suponha que uma senha (password) utilizada numa rede de computadores seja constituída de 5 letras escolhidas entre as 26 do alfabeto, sendo permitida a repetição de letras. Quantas senhas serão possíveis, iniciando por **AB**?

A) 17 576   B) 14 352   C) 13 650   D) 1000   E) 14 560

11) (TFC-95) Em um campeonato de vôlei participam 10 duplas, todas com a mesma probabilidade de vencer. De quantas maneiras diferentes poderemos ter a classificação para os três primeiros lugares?

A) 240   B) 270   C) 420   D) 720   E) 740

12) Quantas siglas de 3 letras distintas podem ser formadas com as letras: **A, B, C, D, E, F** ?

A) 120   B) 240   C) 360   D) 216   E) 1000

13) (AFC-95) Dez competidores disputam um torneio de natação em que apenas os quatro primeiros colocados classificam-se para as finais. Quantos resultados possíveis existem para esses quatro primeiros lugares?

A) 4040   B) 4050   C) 5040   D) 5050   E) 6300

14) Quantos triângulos distintos podem ser formados com vértices em 12 pontos que estão sobre uma circunferência?

A) 440   B) 220   C) 1320   D) 480   E) 600

15) Deseja-se dispor em fila cinco crianças: Marcelo, Rogério, Regi-

naldo, Daniele e Márcio. Calcule o número das distintas maneiras que elas podem ser dispostas de modo que Rogério e Reginaldo fiquem sempre vizinhos.

A) 24   B) 36   C) 48   D) 45   E) 64

16) Para fabricar placas de automóvel, constituídas de três letras iniciais seguidas de quatro algarismos, um determinado município está autorizado a utilizar somente as letras A, B, C, D, E, e os algarismos 0, 1 e 2. Nessas condições, o número máximo de automóveis que o município poderá emplacar é:

A) 10 000   B) 10 125   C) 12 345   D) 50 000   E) 12 500

17) Para fabricar placas de automóvel, constituídas de duas letras iniciais, seguidas de quatro algarismos, um determinado município está autorizado a utilizar somente as letras: **A, B, C, D, E** e os algarismos **0, 1, 2** Nessas condições, o número máximo de automóveis que o município poderá emplacar é:

A) 12   B) 1620   C) 2025   D) 1048   E) 2592

18) Para pintar um conjunto de 5 casas, dispõem-se dos seguintes dados:
→ Contam-se com 3 cores diferentes.
→ Cada casa é pintada com apenas uma cor.
→ As casas estão em seqüência, do mesmo lado da rua.
→ Duas casas vizinhas não podem ser pintadas com a mesma cor.
Determine de quantos modos diferentes essas casas, em seqüência, podem ser pintadas.
A) 5   B) 12   C) 27   D) 48   E) 64

19) Dois dados perfeitos e de cores distintas são lançados ao acaso. A probabilidade de que a soma dos resultados obtidos seja 3 ou 6 é:

A) 7/18   B) 1/18   C) 7/36   D) 7/12   E) 4/9

20) Uma urna contém 4 bolas brancas e 6 bolas pretas. Retiram-se sucessivamente, sem reposição, duas bolas da urna. Qual a probabilidade de que as bolas retiradas sejam de cores diferentes? (Admita espaço eqüiprobabilístico).

A) 32/225   B) 8/15   C) 4/25   D) 4/15   E) 16/225

21) Em uma amostra de 500 peças, existem exatamente 4 defeituosas. Retirando-se, ao acaso, uma peça dessa amostra a probabilidade de que ela seja perfeita é:

A) 99%   B) 99,1%   C) 99,2%   D) 99,3%   E) 99,4%

22) (AFC- 95) Entre os 12 candidatos que participaram de um teste, quatro foram reprovados. Se 3 candidatos fossem selecionados aleatoriamente, um após o outro, qual a probabilidade de que todos eles tivessem sido aprovados?

A) 14/99   B) 8/55   C) 8/27   D) 27/55   E) 16/27

23) (TFC - 95) Num sorteio concorreram 50 bilhetes com números de 1 a 50. Sabe-se que o bilhete sorteado é múltiplo de 5. A probabilidade do número sorteado ser 25 é:

A) 15%   B) 5%   C) 10%   D) 30%   E) 20%

24) Em um grupo de 500 estudantes, 80 estudam Matemática, 150 estudam Direito e 10 estudam as duas disciplinas. Um aluno é escolhido ao acaso. Qual a probabilidade de que ele estude Direito mas não estude Matemática?

A) 32%   B) 45%   C) 24%   D) 28%   E) 13%

Um grupo de 160 alunos foram classificados em meninos e meninas e a matéria em que ficaram reprovados, de acordo com a tabela abaixo, que servirá para as questões de 25 a 28:

	Matemática	Português	Física
meninos	50	30	10
meninas	20	10	40

Escolhendo-se, ao acaso, uma pessoa desse grupo, determine a probabilidade:

25) de ser menina, dado que foi reprovado em Português.

A) 25% B) 20% C) 15% D) 40% E) 50%

26) de estar reprovado em Física, dado que é menino.

A) $\dfrac{3}{7}$ B) $\dfrac{1}{9}$ C) $\dfrac{2}{3}$ D) $\dfrac{4}{9}$ E) $\dfrac{1}{3}$

27) de ser menino, dado que foi reprovado em Física ou Matemática.

A) 25% B) 20% C) 15% D) 40% E) 50%

28) de estar reprovado em Matemática, dado que é menina.

A) $\dfrac{2}{7}$ B) $\dfrac{1}{9}$ C) $\dfrac{2}{3}$ D) $\dfrac{4}{9}$ E) $\dfrac{1}{3}$

29) Um feirante vendeu 1/3 das frutas que possuía, mais 2. A seguir, vendeu 4/5 mais uma, ficando assim com 3 frutas. Se **n** é o número inicial de frutas, então:

A) $n \geq 100$ B) $90 < n < 100$ C) $70 < n < 90$ D) $50 < n < 70$ E) $30 < n < 50$

30) Fábio, Diego e seus amigos organizaram uma maratona infantil. Trinta minutos após o início da maratona, 20% dos participantes desistiram e, durante a hora seguinte, 40% dos restantes também foram desistindo. Apenas 24 corredores foram até o final. O número total de participantes era:

A) 60   B) 46   C) 72   D) 50   E) 80

31) (ANEEL / ESAF – 2006) Um grupo de amigos formado por três meninos - entre eles Caio e Beto - e seis meninas -entre elas Ana e Beatriz- , compram ingressos para nove lugares localizados lado a lado, em uma mesma fila no cinema. Ana e Beatriz precisam sentar-se juntas porque querem compartilhar do mesmo pacote de pipocas. Caio e Beto, por sua vez, precisam sentar-se juntos porque querem compartilhar do mesmo pacote de salgadinhos. Além disso, todas as meninas querem sentar-se juntas, e todos os meninos querem sentar-se juntos. Com essas informações, o número de diferentes maneiras que esses amigos podem sentar-se é igual a:

A) 1920   B) 1152   C) 960   D) 540   E) 860

32) (ANEEL / ESAF – 2006) Ana tem o estranho costume de somente usar blusas brancas ou pretas. Por ocasião de seu aniversário, Ana ganhou de sua mãe quatro blusas pretas e cinco brancas. Na mesma ocasião, o pai de Ana a presenteou com quatro blusas pretas e duas brancas. Vítor, namorado de Ana, a presenteou com duas blusas brancas e três pretas. Ana guardou todas essas blusas - e apenas essas - em uma mesma gaveta. Uma tarde, arrumando-se para ir ao parque com Vítor, Ana retira, ao acaso, uma blusa dessa gaveta. A probabilidade de a blusa retirada por Ana ser uma das blusas pretas que ganhou de sua mãe ou uma das blusas brancas que ganhou de seu pai é igual a:

A) 4/5   B) 7/10   C) 3/5   D) 3/10   E) 2/3

33) (MPU / ESAF – 2005) Um grupo de estudantes encontra-se reunido em uma sala para escolher aleatoriamente, por sorteio, quem entre eles irá ao Simpósio de Matemática do próximo ano. O grupo é composto de 15 rapazes e de um certo número de moças. Os rapazes cumprimentam-se, todos e apenas entre si, uma única vez; as moças cumprimentam-se, todas e apenas entre si, uma única vez. Há um total de 150 cumprimentos. O número de moças é, portanto, igual a:

A) 10   B) 14   C) 20   D) 25   E) 45

34) (MPU / ESAF – 2004) Quatro casais compram ingressos para oito lugares contíguos em uma mesma fila no teatro. O número de diferentes maneiras em que podem sentar-se de modo a que a) homens e mulheres sentem-se em lugares alternados; e que b) todos os homens sentem-se juntos e que todas as mulheres sentem-se juntas, são, respectivamente:

A) 1152 E 1152.
B) 1152 E 1100.
C) 1112 E 1152.
D) 384 E 1112.
E) 112 E 384.

35) (MPU / ESAF – 2004) Quando Lígia pára em um posto de gasolina, a probabilidade de ela pedir para verificar o nível de óleo é 0,28; a probabilidade de ela pedir para verificar a pressão dos pneus é 0,11 e a probabilidade de ela pedir para verificar ambos, óleo e pneus, é 0,04. Portanto, a probabilidade de Lígia parar em um posto de gasolina e não pedir nem para verificar o nível de óleo e nem para verificar a pressão dos pneus é igual a:

A) 0,25   B) 0,35   C) 0,45   D) 0,15   E) 0,65

"A Matemática apresenta invenções tão sutis que poderão servir não só para satisfazer os curiosos como, também para auxiliar as artes e poupar trabalho aos homens".   (Descartes)

GABARITO (LISTA 6)

01) C	02) D	03) C	04) B	05) B
06) B	07) B	08) C	09) E	10) A
11) D	12) A	13) C	14) B	15) C
16) B	17) C	18) D	19) C	20) B
21) C	22) A	23) D	24) D	25) A
26) B	27) E	28) A	29) E	30) D
31) A	32) D	33) A	34) A	35) E

3.7) SEQÜÊNCIAS LÓGICAS E LEI DE FORMAÇÃO

Vamos apresentar agora uma série de questões, muito comuns em concursos, envolvendo seqüências numéricas, alfabéticas ou geométricas. Para esses casos não há como se determinar uma "regra geral" válida para todos os casos. O que devemos fazer é, através de muita observação e prática, tentar descobrir a lei de formação que está envolvida em cada uma dessas seqüências.

Primeiramente vejamos alguns exemplos resolvidos e, em seguida, você terá uma lista de exercícios semelhantes para tentar resolver.

EXEMPLO 1:
Complete a seqüência: **1 U 2 D 3 T 4 Q 5 C 6?**

SOLUÇÃO: Esta é uma questão bem simples e que uma simples observação nos mostra que os números (que estão intercalados por letras) seguem a seqüência dos naturais e cada letra que vem após um número é a inicial do nome desse número. Veja: o 1 está seguido de um U (Um). O 2 está seguido de um D (Dois)...etc. Logo, ao 6 deve seguir-se um S (Seis). Dessa forma, o próximo termo dessa seqüência deve ser a letra **S**.

EXEMPLO 2:

(Bacen - 2006) Na seqüência seguinte, o número entre parênteses é obtido segundo uma lei de formação. **63 (21) 9   186 (18) 31   85 (?) 17.**
O número que está faltando é:

A) 15   B) 17   C) 19   D) 23   E) 25

Questões Clássicas de Raciocínio

SOLUÇÃO: A regularidade que existe na seqüência é que o número entre parênteses é igual ao TRIPLO do resultado da divisão entre os outros dois. Veja 63 : 9 = 7 e 7 x 3 = 21; 186 : 31 = 6 e 6 x 3 = 18. Seguindo essa mesma linha de raciocínio, o número que está faltando será igual a 85 : 17 = 5 e 5 x 3 = **15**. **Gabarito A.**

EXEMPLO 3:
(TJ – PE) Considere a seqüência das figuras abaixo:

2	E	8	?
B	5	H	?

A figura que substitui corretamente as interrogações é:

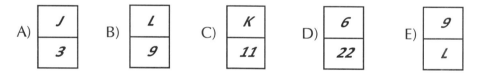

SOLUÇÃO: Em primeiro lugar verificamos que os números e as letras vão se revezando, ora na parte de cima ora na parte de baixo, como se fosse uma peça de dominó.
As letras estão variando através da regularidade de "pular duas" na seqüência do alfabeto. Veja B c d E f g H i j K...Logo, a próxima letra, pela lógica, deverá ser o **K** (e na parte superior da peça). Quanto aos números estão aumentando de 3 em 3, ou seja, formam uma progressão aritmética de razão igual a 3, iniciando no número 2.

Veja: 2, 5, 8, ...seguindo essa lógica o próximo deverá ser o número 11 (na parte inferior da peça), ou seja, o gabarito da questão é a peça **C**.

EXEMPLO 4:

(Contador – Santos) Na sucessão de triângulos seguintes, o número no interior de cada um é o resultado de operações efetuadas com os números que se encontram em sua parte externa.

Se a seqüência de operações é a mesma para os números dos três triângulos, então o número X é:

A) 13   B) 10   C) 9   D) 7   E) 6

SOLUÇÃO: A lei de formação do número interior é a seguinte: O produto dos dois números superiores, dividido pelo número da base do triângulo gera o número interno. Sendo assim, no último triângulo, teremos (6 x 14) : 12 = **7. gabarito D.**

EXERCÍCIOS PROPOSTOS - LISTA 7

1) (ICMS - SP/1997)
Continuando a seqüência: 4, 10, 28, 82, ..., temos

A) 236   B) 244   C) 246   D) 254   E) 256

2) (ICMS - SP/1997)
Continuando a seqüência de letras: **F, N, G, M, H,** ..., ... , temos, **respectivamente,**

A) O, P   B) I, O   C) E, P   D) L, I   E) D, L

3) (ICMS - SP/1997)
Continuando a seqüência: **47, 42, 37, 33, 29, 26,** ..., teremos:

A) 23   B) 22   C) 21   D) 24   E) 25

4) Observe a seqüência de triângulos eqüiláteros:

```
                                              .
                                            . .
                        .                 . . .
          .           . .               . . . .
.       . .         . . .             . . . . .
1        3            6                   10
```

Esses números são chamados de números triangulares. Desse modo, podemos dizer que o oitavo número dessa seqüência é

A) 45   B) 36   C) 32   D) 28   E) 21

Questões Clássicas de Raciocínio   155

5) (ICMS - SP/1997)
Observe a figura abaixo e verifique que a faixa é formada por três linhas de quadradinhos, em que a primeira e a terceira são formadas por quadradinhos brancos. A segunda linha alterna quadradinhos brancos com quadradinhos pretos.

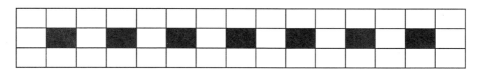

O número de quadradinhos brancos necessários para formar uma faixa completa, de acordo com a figura, mas contendo 60 quadradinhos pretos é

A) 292   B) 297   C) 300   D) 303   E) 480

6) (ICMS - SP/1997)
Continuando a seqüência de figuras

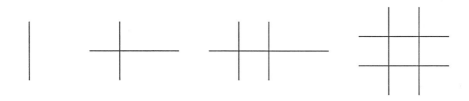

"Sucesso é uma questão de não desistir, e fracasso é uma questão de desistir cedo demais".
(Walter Burke)

Temos:

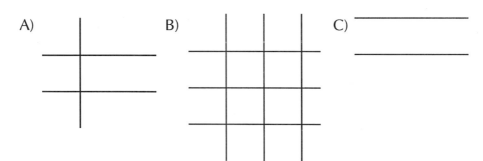

7) (BACEN - 94)

$$\frac{AGEC}{DJHF} : \frac{GNLI}{.....}$$

(Observação: Havia uma instrução na prova do BACEN/94 para que as questões que envolvessem seqüências considerassem o alfabeto oficial da época, isto é, não incluíssem as letras **k, w, y**.)

A) M S O Q   B) J M O Q   C) J Q P L   D) J Q O M   E) G O M J

8) Embora os códigos abaixo mais pareçam com anotações do jogo de Xadrez, não são. Descubra o padrão que as compõe e determine o número que deve estar no lugar do asterisco.

     B 1 D   **R 1 T**   **P 3 T**   **D 12 R**   **C * T**

A) 13   B) 12   C) 20   D) 16   E) 15

9) (Agente de Pesquisa – IBGE - 2005) Observe a seqüência:

A próxima figura é:

A)   B)   C)   D)   E)

10) (Agente de Pesquisa – IBGE - 2005) Observe a seqüência:

2 , 4 , 6 , 8 , 10 , 12 , ...

O 33º termo dessa seqüência é:

(A) 36   (B) 18   (C) 2   (D) 32   (E) 66.

11) Qual o número que falta na seqüência representada abaixo?

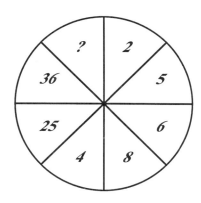

A) 4   B) 16   C) 64   D) 49   E) 20

12) Qual o símbolo que falta no quadro abaixo:

(	{	<	9
}	)	6	>
[	W	∪	/
M	]	\	?

A)]   B) ∪   C) {   D) !   E) ∩

13)

1	1	1	1
1	3	5	7
1	5	13	25
1	7	25	?

Como completar logicamente o quadro acima?

A) 34   B) 56   C) 67   D) 63   E) 49

14) Indicar o próximo elemento que completa a seqüência lógica abaixo:

$$\frac{1}{4}; \frac{9}{16}; \frac{25}{36}; ?$$

A) $\frac{4}{20}$ B) $\frac{49}{64}$ C) $\frac{64}{81}$ D) $\frac{100}{144}$ E) $\frac{7}{9}$

15) Os números inteiros positivos são dispostos em "quadrados" da seguinte maneira:

1	2	3	10	11	12	19	...	...
4	5	6	13	14	15	...	...	...
7	8	9	16	17	18	...	...	...

Questões Clássicas de Raciocínio 159

O número 500 se encontra em um desses "quadrados". A "linha" e a "coluna" em que o número 500 se encontra, no quadrado em questão, são, respectivamente:

A) 2 e 2   B) 3 e 3   C) 2 e 3   D) 3 e 2   E) 3 e 1

16) (TRF – 1ª R – 2007) Assinale a alternativa, entre as cinco relacionadas, que preenche a vaga assinalada pela interrogação.

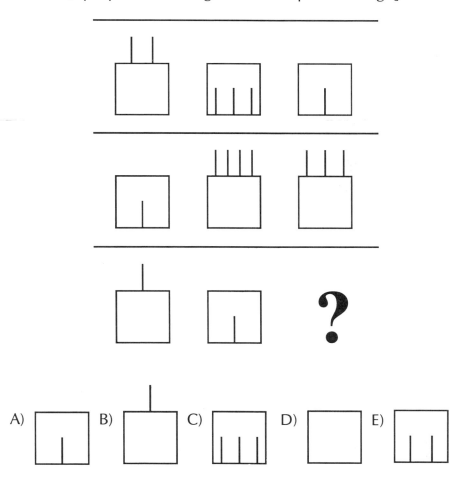

17) (TRF – 1ª R – 2007) Considerando as relações horizontais e verticais entre as figuras, assinale a alternativa que substitui a interrogação.

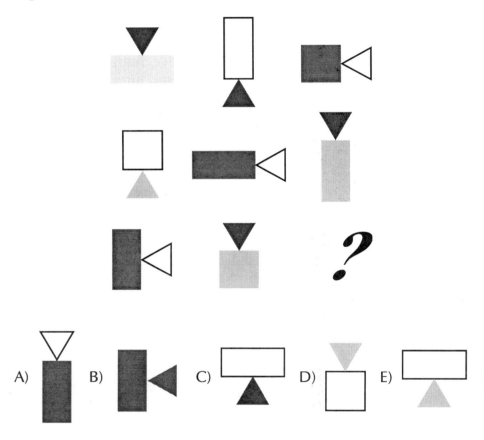

Questões Clássicas de Raciocínio   161

18) (TRF – 1ª R – 2007) Assinale a alternativa que substitui a letra X:

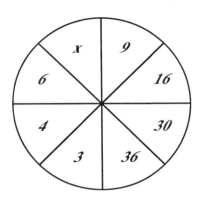

A) 29   B) 7   C) 6   D) 5   E) 3

19) (TJ – PERNAMBUCO – 2007) Assinale a alternativa que substitui corretamente a interrogação na seguinte seqüência numérica:
8, 12, 24, 60, ?

A) 56   B) 68   C) 91   D) 134   E) 168

20) (TJ – PERNAMBUCO – 2007) Assinale a alternativa que completa corretamente a série seguinte:

J J A S O N D ?

A) J   B) L   C) M   D) N   E) O

21) A figura abaixo contém números que respeitam uma determinada seqüência lógica. Qual o valor do número que está faltando?

		6	18	
	54	162	486	
1458	4374	...	39366	

A) 5832   B) 13122   C) 14132   D) 14192   E) 15032

22) Complete os termos da seqüência, que possui uma lei de formação lógica:

2
5 8
9 13 17
14 ... 24 29
20 26 ... 38 ...

A) 19, 32, 44   B) 18, 28, 40   C) 22, 36, 46   D) 23, 29, 43   E) 23, 28, 48

23) (BACEN) Qual o número que completa a seqüência abaixo:

$${}_6^1 X {}_8^2 \quad {}_2^3 X {}_4^9 \quad {}_5^6 X {}_{...}^2$$

A) 5   B) 6   C) 7   D) 8   E) 9

24) Qual a palavra que completa a seqüência: SEGURANÇA, TERNO, QUASAR, QUINA, SEXAGENÁRIO, SABARÁ ...
A) JAPONÊS   B) CHINÊS   C) ITALIANO   D) DOMINÓ   E) BRASILEIRO

25) Determine o valor de x que completa a seqüência mostrada na figura abaixo:

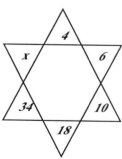

A) 58   B) 66   C) 76   D) 144   E) 48

Questões Clássicas de Raciocínio   163

26) (TRT) A seqüência de figuras abaixo foi construída obedecendo a determinado padrão.

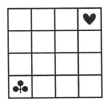 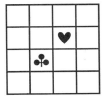 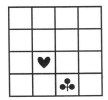 

Seguindo esse padrão, a figura que completa a seqüência é:

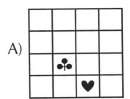 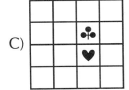

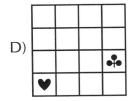 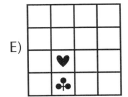

27) (BACEN) O termo que completa a seqüência: $\dfrac{1}{4}$ $\dfrac{16}{9}$ $\dfrac{25}{36}$ $\dfrac{64}{49}$

A) $\dfrac{82}{90}$ B) $\dfrac{81}{100}$ C) $\dfrac{100}{72}$ D) $\dfrac{99}{72}$ E) $\dfrac{100}{81}$

"Não há nada tão eqüitativamente distribuído no mundo como a inteligência: todos estão convencidos de que têm o suficiente".
(René Descartes)

28) (BACEN)

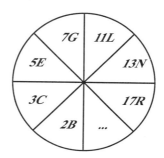

29) (TRT) Considere a figura abaixo:

Se você pudesse fazer uma das figuras seguintes deslizar sobre o papel, aquela que, quando sobreposta à figura dada, c oincidirá exatamente com ela é:

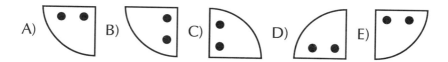

30) (TCE - PB) Dos grupos de letras apresentados nas alternativas abaixo, apenas quatro apresentam uma característica comum. Considerando que a ordem alfabética usada exclui as letras K, W e Y, então o único grupo que não tem a característica dos outros é o:

A) Z T U V   B) T P Q R   C) Q M N O   D) L G H I   E) F C D E

"Somos o que fazemos, mas somos, principalmente, o que fazemos para mudar o que somos."

(Eduardo Galeano)

GABARITO (LISTA 7)

01) B	02) D	03) A	04) B	05) D
06) E	07) D	08) E	09) B	10) E
11) C	12) E	13) D	14) B	15) A
16) D	17) E	18) C	19) E	20) A
21) B	22) A	23) A	24) D	25) B
26) D	27) B	28) A	29) A	30) E

4) VERDADES E MENTIRAS

São bastante comuns, principalmente em concursos públicos, aparecerem histórias envolvendo personagens que falam verdades ou mentiras. Não temos uma regra geral que permita resolver tais tipos de questões mas o processo de checar todas as possibilidades, abandonando as que se mostrarem absurdas é sempre uma boa alternativa. No presente capítulo vamos mostrar alguns exemplos de questões de raciocínio lógico envolvendo verdades e mentiras, em seguida vamos propor algumas questões retiradas de concursos públicos.

EXEMPLO 1:

Tenho 3 bolas: A, B e C, uma de cada cor. Uma é verde, uma é branca e outra é azul, não necessariamente nessa ordem. Das afirmações colocadas abaixo apenas uma é verdadeira:

→ **A é verde;**
→ **B não é verde;**
→ **C não é azul.**

Quais as cores das camisas A, B e C?

SOLUÇÃO: A primeira frase não pode ser a verdadeira, pois se ela fosse verdadeira, a segunda frase também teria de ser verdadeira. (Se A fosse verde, é claro que B não seria verde).
Dessa forma, temos apenas que investigar as hipóteses com a bola A sendo branca ou azul.

Verifiquemos então algumas das possibilidades dessa questão:

a) **A branca, B verde e C azul.**

Para essa hipótese, a primeira frase seria falsa, a segunda seria falsa e a terceira frase também seria falsa. Logo, tal opção deve ser descartada.

b) **A branca, B azul e C verde.**

Essa outra hipótese acarreta que a primeira frase é falsa, a segunda fica sendo verdadeira e a terceira também. Logo essa opção também deve ser descartada.

c) **A azul, B verde e C branca.**

Agora a primeira frase se torna falsa, a segunda também e a terceira se torna verdadeira. Como acarretou apenas uma frase verdadeira, essa é a hipótese correta.

Conclusão: bola A, azul; bola B, verde e bola C, branca.
Faltava ainda investigar uma outra hipótese, da bola A ser azul, a bola B ser branca e a bola C ser verde. Mas essa hipótese também geraria duas frases verdadeiras.

EXEMPLO 2:

Quatro amigos vão ao cinema e um deles resolveu entrar sem pagar. Aparece um guarda, se dirige aos amigos e pergunta quem entrou sem pagar.

- **Eu não fui, fala Rui.**
- **Foi o Luís, afirma João.**
- **Foi o Paulo, diz Luís.**
- **O João está mentindo, diz Paulo.**

Com as pistas acima e sabendo que apenas um dos rapazes mentiu, podemos descobrir o que entrou sem pagar. Quem foi?

Verdades e Mentiras   169

SOLUÇÃO: Como João e Luís acusam pessoas diferentes, sabemos que não podem os dois estar falando a verdade. Logo o mentiroso (único) é um deles. Isso acarreta que os outros dois (Rui e Paulo) estão falando a verdade. Como Paulo avisa que João mente, e isso está correto, concluímos então que o Luís falou a verdade. Como ele acusa o Paulo, ele é o rapaz que o guarda estava procurando. Checando agora essa conclusão com todas as frases, observamos que não há qualquer contradição e que apenas um deles mentiu, que foi o João.

EXEMPLO 3:

Antes de apresentarmos algumas questões envolvendo verdades e mentiras, gostaríamos de citar um trecho do famoso livro "O Homem que Calculava" do famoso e importante professor Júlio César de Melo e Souza, conhecido mundialmente como Malba Tahan e que era um antigo professor do Colégio Pedro II, no Rio de Janeiro e que escreveu diversas obras importantes, que foram traduzidas para diversos idiomas.

Retiramos um trecho desse livro que trata do episódio das cinco escravas de olhos negros ou azuis. No livro o problema é proposto ao calculista, o Beremiz, como um desafio que teria de resolver para que o Rei de Bagdá concordasse com o seu casamento com a linda jovem Telassim, filha do cheique Iezid Abul-Hamid. O rei ofereceu à Beremiz prêmios em jóias, ouro, palácios, como pagamento pelas proezas matemáticas desenvolvidas por ele na solução de diversos casos que lhe são propostos. Beremiz não queria nada material e pediu em casamento a filha do cheique Iezid. A seguir citamos o trecho do livro que coloca o problema e a inteligente solução de Beremiz, que acabou casando com Telassim.

O problema, na sua expressão mais simples, é o seguinte: Tenho cinco lindas escravas; comprei-as há poucos meses, de um príncipe mongol. Dessas cinco encantadoras meninas, duas têm os olhos negros, as três restantes têm os olhos azuis. As duas escravas de olhos negros, quando interrogadas, dizem sempre a verdade; as escravas de olhos azuis, ao contrário, são mentirosas, isto é, nunca dizem a verdade. Dentro de alguns minutos, essas cinco jovens serão conduzidas a este salão: todas elas terão o rosto inteiramente oculto por espesso véu. O haic que as envolve torna impossível entrever, em qualquer delas, o menor traço fisionômico. Terás que descobrir e indicar, sem a menor possibilidade de erro, quais as moças de olhos negros e quais as de olhos azuis.

Poderás interrogar três das cinco escravas, não sendo permitido, em caso algum, fazer mais de uma pergunta à mesma jovem. Com auxílio das três respostas obtidas, o problema deverá ser solucionado, sendo a solução justificada com todo o rigor matemático. E as perguntas, ó calculista, devem ser de tal natureza que só as próprias escravas sejam capazes de responder com perfeito conhecimento. Momentos depois, sob os olhares curiosos dos circunstantes, apareciam no grande divã das audiências as cinco escravas de Al-Motacém.
Apresentavam-se cobertas com longos véus negros da cabeça aos pés; pareciam verdadeiros fantasmas do deserto.
- Eis aí - confirmou o emir com certo orgulho. - Eis aí as cinco jovens do meu harém. Duas têm (como já disse) os olhos pretos - e só dizem a verdade. As outras três têm os olhos azuis e mentem sempre!
...
Sentiu Beremiz que chegara o momento decisivo de sua carreira, o ponto culminante de sua vida. O problema formulado pelo califa de Bagdá, sobre ser original e difícil, poderia envolver embaraços e dúvidas imprevisíveis. Ao calculista seria facultada a liberdade de argüir três das cinco moças. Como, porém, iria descobrir, pelas respostas, a cor dos olhos de todas elas? Qual das três deveria ele interrogar? Como determinar as duas que ficariam alheias ao interrogatório?

Havia uma indicação preciosa: as de olhos negros diziam sempre a verdade; as outras três (de olhos azuis) mentiam invariavelmente! E isso bastaria? Vamos supor que o calculista interrogasse uma delas. A pergunta devia ser de tal natureza que só a escrava interrogada soubesse responder. Obtida a resposta, continuaria a dúvida. A interrogada teria dito a verdade? Teria mentido? Como apurar o resultado, se a resposta certa não era por ele conhecida? O caso era, realmente, muito sério.

As cinco embuçadas colocaram-se em fila ao centro do suntuoso salão. Fez-se grande silêncio. Nobres muçulmanos, cheiques e vizires acompanhavam com vivo interesse o desfecho daquele novo e singular capricho do rei. O calculista aproximou-se da primeira escrava (que se achava no extremo da fila, à direita) e perguntou-lhe com voz firme e pausada: - De que cor são os teus olhos?

Por Allah! A interpelada respondeu em dialeto chinês, totalmente desconhecido pelos muçulmanos presentes! Beremiz protestou. Não compreendera uma única palavra da resposta dada. Ordenou o califa que as respostas fossem dadas em árabe puro, e em linguagem simples e precisa. Aquele inesperado fracasso veio agravar a situação do calculista. Restavam-lhe, apenas, duas perguntas, pois a primeira já era considerada inteiramente perdida para ele.

Beremiz, que o insucesso não havia conseguido desalentar, voltou-se para a segunda escrava e interrogou-a: - Qual foi a resposta que a sua companheira acabou de proferir?

- Disse a segunda escrava: - As palavras dela foram: "Os meus olhos são azuis". Essa resposta nada esclarecia. A segunda escrava teria dito a verdade ou estaria mentindo? E a primeira? Quem poderia confiar em suas palavras? A terceira escrava (que se achava no centro da fila) foi interpelada a seguir, pelo calculista, da seguinte forma:
- De que cor são os olhos dessas duas jovens que acabo de interrogar?

A essa pergunta - que era, aliás, a última a ser formulada - a escrava respondeu:
- A primeira tem os olhos negros e a segunda, olhos azuis! Seria verdade? Teria ela mentido? O certo é que Beremiz, depois de meditar alguns minutos, aproximou-se, tranqüilo, do trono e declarou:
- Comendador dos Crentes, Sombra de Allah na Terra! O problema proposto está inteiramente resolvido e a sua solução pode ser anunciada com absoluto rigor matemático. A primeira escrava (à direita) tem olhos negros; a segunda tem os olhos azuis; a terceira tem os olhos negros e as duas últimas têm olhos azuis! Erguidos os véus e retirados os pesados haics, as jovens apareceram sorridentes, os rostos descobertos. Ouviu-se um ialá de espanto no grande salão. O inteligente Beremiz havia dito, com precisão admirável, a cor dos olhos de todas elas!

— Pelos méritos do Profeta! — exclamou o rei. — Já tenho proposto esse mesmo problema a centenas de sábios, ulemás, poetas e escribas - e afinal esse modesto calculista é o primeiro que consegue resolvê-lo! Como foi, ó jovem, que chegaste a essa solução? De que modo poderás demonstrar que não havia, na resposta final, a menor possibilidade de erro? Interrogado desse modo, pelo generoso monarca, o homem que Calculava assim falou:

— Ao formular a primeira pergunta: "Qual a cor dos teus olhos?" eu sabia que a resposta da escrava seria fatalmente a seguinte: "Os meus olhos são negros!" Com efeito, se ela tivesse os olhos negros diria a verdade, isto é, afirmaria: "Os meus olhos são negros!" Tivesse ela os olhos azuis, mentiria, e, assim, ao responder, diria também: "Os meus olhos são negros!"

Logo, eu afirmo que a resposta da primeira escrava era uma única, forçada e bem determinada: "Os meus olhos são negros!" Feita, portanto, a pergunta, esperei pela resposta, que, previamente, conhecia. A escrava, respondendo em dialeto desconhecido, auxiliou-me de modo prodigioso. Realmente, alegando não ter entendido o arrevesado idioma chinês, interroguei a segunda escrava: "Qual foi a resposta que a sua companheira acabou de proferir?" Disse-me a segunda: "As palavras foram: 'Os meus olhos são azuis!'" Tal resposta vinha demonstrar que a segunda mentia, pois essa não podia ter sido, de forma alguma (como já provei), a resposta da primeira jovem. Ora, se a segunda mentia, era evidente que tinha os olhos azuis. Reparai, ó rei, nessa particularidade notável para a solução do enigma! Das cinco escravas, nesse momento, havia uma cuja incógnita estava, pois, por mim resolvida com todo o rigor matemático. Era a segunda. Havia faltado com a verdade; logo, tinha os olhos azuis. Restavam ainda a descobrir quatro incógnitas do problema. Aproveitando a terceira e última pergunta, interpelei a escrava que se achava no centro da fila: "De que cor são os olhos das duas jovens que acabei de interrogar?" Eis a resposta que obtive: "A primeira tem os olhos negros e a segunda tem os olhos azuis!" Ora, em relação à segunda eu não tinha dúvida (conforme já expliquei). Que conclusão pude tirar, então, da terceira resposta? Muito simples. A terceira escrava não mentira, pois confirmara que a segunda tinha os olhos azuis. Se a terceira não mentira, os seus olhos eram negros e as suas palavras eram a expressão da verdade, isto é, a primeira escrava tinha, também, os olhos negros. Foi fácil concluir que as duas últimas, por exclusão (à semelhança da segunda), tinham os olhos azuis!!

Posso asseverar, ó Rei do Tempo, que nesse problema, embora não apareçam fórmulas, equações ou símbolos algébricos, a solução, para ser certa e perfeita, deve ser obtida por meio de um raciocínio puramente matemático.

Estava resolvido o problema do califa. Louvado seja Allah, que criou a mulher, o amor e a matemática!
(TAHAN, Malba. 1965).

EXERCÍCIOS PROPOSTOS – LISTA 8

1)(Previ – Rio) Em seu aniversário de seis anos, Lucas ganhou exatamente três brinquedos: uma bola, um boneco e uma bicicleta. Cada um destes presentes foi dado pelo pai, pela avó e pela tia de Lucas, não necessariamente nessa ordem. Sabe-se que apenas uma das três afirmações que seguem é verdadeira:

I) a bola foi o presente dado pelo pai de Lucas;
II) o boneco não foi o presente dado pelo pai de Lucas;
III) a bicicleta não foi dada pela tia de Lucas.

A partir destas informações, podemos assegurar que os presentes dados a Lucas pelo pai, pela avó e pela tia foram, respectivamente:

A) o boneco, a bicicleta e a bola;
B) a bicicleta, o boneco e a bola;
C) a bola, a bicicleta e o boneco;
D) o boneco, a bola e a bicicleta.

2) (AFC / ESAF – 2004) Três homens são levados à presença de um jovem lógico. Sabe-se que um deles é um honesto marceneiro, que sempre diz a verdade. Sabe-se, também, que um outro é um pedreiro, igualmente honesto e trabalhador, mas que tem o estranho costume de sempre mentir, de jamais dizer a verdade. Sabe-se, ainda, que o restante é um vulgar ladrão que ora mente, ora diz a verdade. O problema é que não se sabe quem, entre eles, é quem. À frente do jovem lógico, esses três homens fazem, ordenadamente, as seguintes declarações:

- O primeiro diz: "Eu sou o ladrão."
- O segundo diz: "É verdade; ele, o que acabou de falar, é o ladrão."
- O terceiro diz: "Eu sou o ladrão."

> "A sorte não é nada mais do que a habilidade de aproveitar as ocasiões favoráveis."
>
> (Orison Sweet Marden)

Verdades e Mentiras

Com base nestas informações, o jovem lógico pode, então, concluir corretamente que:

A) O ladrão é o primeiro e o marceneiro é o terceiro.
B) O ladrão é o primeiro e o marceneiro é o segundo.
C) O pedreiro é o primeiro e o ladrão é o segundo.
D) O pedreiro é o primeiro e o ladrão é o terceiro.
E) O marceneiro é o primeiro e o ladrão é o segundo.

3) (AFT / ESAF – 2006) Ana encontra-se à frente de três salas cujas portas estão pintadas de verde, azul e rosa. Em cada uma das três salas encontra-se uma e somente uma pessoa – em uma delas encontra-se Luís; em outra, encontra-se Carla; em outra, encontra-se Diana. Na porta de cada uma das salas existe uma inscrição, a saber:

→ **Sala verde: "Luís está na sala de porta rosa"**
→ **Sala azul: "Carla está na sala de porta verde"**
→ **Sala rosa: "Luís está aqui".**

Ana sabe que a inscrição na porta da sala onde Luís se encontra pode ser verdadeira ou falsa. Sabe, ainda, que a inscrição na porta da sala onde Carla se encontra é falsa, e que a inscrição na porta da sala em que Diana se encontra é verdadeira. Com tais informações, Ana conclui corretamente que nas salas de portas verde, azul e rosa encontram-se, respectivamente,

A) Diana, Luís, Carla
B) Luís, Diana, Carla
C) Diana, Carla, Luís
D) Carla, Diana, Luís
E) Luís, Carla, Diana

4) (MP / ENAP – 2006) Três amigos Lucas, Mário e Nelson moram em Teresina, Rio de Janeiro e São Paulo – não necessariamente nesta ordem. Todos eles vão ao aniversário de Maria que há tempos não os encontrava. Tomada de surpresa e felicidade, Maria os

questiona onde cada um deles mora, obtendo as seguintes declarações:

→ Nelson: "Mário mora em Teresina".
→ Lucas: "Nelson está mentindo, pois Mário mora em São Paulo".
→ Mário: "Nelson e Lucas mentiram, pois eu moro em São Paulo".

Sabendo que o que mora em São Paulo mentiu e que o que mora em Teresina disse a verdade, segue-se que Maria concluiu que, Lucas e Nelson moram, respectivamente em:

A) Rio de Janeiro e Teresina.
B) Teresina e Rio de Janeiro.
C) São Paulo e Teresina.
D) Teresina e São Paulo.
E) São Paulo e Rio de Janeiro.

5) (TCE – SP – 2005) As afirmações de três funcionários de uma empresa são registradas a seguir:
- Augusto: Beatriz e Carlos não faltaram ao serviço ontem.
- Beatriz: Se Carlos faltou ao serviço ontem, então Augusto também faltou.
- Carlos: Eu não faltei ao serviço ontem, mas Augusto ou Beatriz faltaram.

Se as três afirmações são verdadeiras, é correto afirmar que, ontem, APENAS:

A) Augusto faltou ao serviço;
B) Beatriz faltou ao serviço;
C) Carlos faltou ao serviço;
D) Augusto e Beatriz faltaram ao serviço;
E) Beatriz e Carlos faltaram ao serviço.

6) Um crime foi cometido por uma pessoa de um grupo de cinco suspeitos: Armando, Celso, Edu, Juarez e Tarso. Perguntados sobre quem era culpado, cada um deles respondeu:

Armando: "Sou inocente";
Celso: "Edu é culpado";
Edu: "Tarso é o culpado";
Juarez: "Armando disse a verdade"
Tarso: "Celso mentiu"

     Sabendo-se que apenas um dos suspeitos mentiu e que todos os outros disseram a verdade, pode-se concluir que o culpado é:

A) Armando
B) Celso
C) Edu
D) Juarez
E) Tarso

7) (ANPAD) Ângela, Letícia, Heloísa e Denise apostaram uma corrida. Ângela disse: "Heloísa chegou em segundo e Denise em terceiro". Letícia disse: "Heloísa ganhou e eu cheguei em segundo". Heloísa disse: "Denise foi a última e Ângela a segunda". Sabendo que em cada afirmação há uma verdade e uma mentira, quem chegou em último lugar?

A) Ângela
B) Letícia
C) Heloísa
D) Denise
E) Não é possível saber.

8) (TCE – SP) Cinco seleções foram convidadas para disputar um torneio de handebol: Noruega, Suécia, Dinamarca, França e Alemanha. Solicitou-se a cinco diferentes videntes, antes do torneio, que fizessem previsões sobre os resultados, que se encontram na tabela abaixo:
Sabendo-se que apenas um dos videntes errou sua previsão, pode-se concluir que a equipe campeã do torneio foi a:

Vidente	Previsão
1	A equipe campeã não será a França nem a Suécia.
2	O campeão do torneio será a Suécia ou a Alemanha.
3	A Noruega será a campeã.
4	A Dinamarca não será a campeã do torneio.
5	Noruega ou França será a campeã.

A) Noruega
B) Suécia
C) Dinamarca
D) França
E) Alemanha

9) (CVM) Cinco colegas foram a um parque de diversões e um deles entrou sem pagar. Apanhados por um funcionário do parque, que queria saber qual deles entrou sem pagar, eles informaram:
- "Não fui eu, nem o Manuel", disse Marcos;
- "Foi o Manuel ou a Maria", disse Mário;
- "Foi a Mara", disse Manuel;
- "O Mário está mentindo", disse Mara;
- "Foi a Mara ou o Marcos", disse Maria.

Sabendo-se que um e somente um dos cinco colegas mentiu, conclui-se logicamente que quem entrou sem pagar foi:

A) Mário;
B) Marcos;
C) Mara;
D) Manuel;
E) Maria.

10) (AFC) Pedro encontra-se à frente de três caixas, numeradas de 1 a 3. Cada uma das três caixas contém um e somente um objeto. Uma delas contém um livro; outra, uma caneta; outra, um dia-

Verdades e Mentiras

mante. Em cada uma das caixas, existe uma inscrição, a saber:
Caixa 1: "O livro está na caixa 3";
Caixa 2: " A caneta está na caixa 1";
Caixa 3: "O livro está aqui".

Pedro sabe que a inscrição da caixa que contém o livro pode ser verdadeira ou falsa. Sabe, ainda, que a inscrição da caixa que contém a caneta é falsa, e que a inscrição da caixa que contém o diamante é verdadeira. Com tais informações, Pedro conclui corretamente que, nas caixas 1, 2 e 3, estão, respectivamente:

A) a caneta, o diamante, o livro;
B) o livro, o diamante, a caneta;
C) o diamante, a caneta, o livro
D) o diamante, o livro, a caneta;
E) o livro, a caneta, o diamante.

GABARITO (LISTA 8)

01) A	02) B	03) C	04) B	05) A
06) E	07) B	08) A	09) C	10) C

5) QUESTÕES GERAIS DE RACIOCÍNIO LÓGICO

1) Assinale a única alternativa que corresponde a uma **contradição** sob o ponto de vista da lógica.

A) Todo escoteiro é leal e existe leal não escoteiro.
B) Todo professor é trabalhador e existe trabalhador não professor.
C) Todo fumante é suicida e existe não suicida fumante.
D) Todo botafoguense é feliz e existe infeliz não botafoguense.
E) Todo carioca é falador e existe falador não carioca.

2) Assinale qual das sentenças abaixo representa um **argumento dedutivo:**

A) Atenas, Tebas, Corinto, Mégara e várias outras cidades gregas são belas. Logo, a Grécia é bela.
B) Todo flamenguista é fanático. Alan é torcedor do Flamengo, logo, Alan é fanático.
C) Todo flamenguista que eu conheço é fanático, logo, todos os torcedores do Flamengo são fanáticos.
D) Aristóteles, Platão e Sócrates não eram bárbaros. Logo, não existiram filósofos bárbaros.
E) Vi 4000 ratos brancos, logo, só existem ratos brancos.

"Você pode se queixar porque a rosa tem espinhos ou se alegrar porque os espinhos têm rosas."

(Tom Wilson)

3) Assinale a alternativa que contém um argumento válido:
A)　Alguns atletas jogam xadrez.
　　Todos os intelectuais jogam xadrez.
　　Logo, alguns atletas são intelectuais.
B)　Se estou com febre, então estou doente.
　　Estou doente.
　　Logo, estou com febre.
C)　Todo carioca é alegre.
　　Alguns alegres são espontâneos.
　　Logo, Todo carioca é espontâneo.
D)　Todo artista é vaidoso.
　　Zélio não é vaidoso.
　　Logo, Zélio não é artista.
E)　Se chove, a rua fica molhada.
　　A rua está molhada.
　　Logo, choveu.

4) Considere as sentenças abaixo:
I.　3 + 1 = 4 ou 3! = 8
II.　6 > 2 e 7 < 3
III. Se 2 < 3, então 5 < 0

A) Todas são falsas.
B) I e II são falsas.
C) somente III é falsa.
D) somente I é verdadeira.
E) I e II são verdadeiras.

5) Assinale a opção **errada.**

A) A negação de **2 é par e 3 é ímpar** é 2 não é par ou 3 não é ímpar.
B) A negação de **todo escoteiro é honesto** é existe algum escoteiro que não é honesto.
C) A negação de $3 \leq 5$ é $3 \geq 5$.
D) A negação de **Existe botafoguense triste** é Todo botafoguense não é triste.

E) A negação de **minhoca é mamífero ou pardal é ave** é **minhoca não é mamífero e pardal não é ave.**

6) Qual a negação da sentença condicional: "Se corro, então fico cansado" é:

A) Não corro e fico cansado.
B) Não corro ou fico cansado.
C) Corro e não fico cansado.
D) Fico cansado porque corri.
E) Não fico cansado porque não corri.

7) Considere verdadeiras as afirmações:

- Todo carioca é brasileiro.
- Todo carioca é patriota.
- João é brasileiro.
- Ana é patriota.

Então, podemos concluir que:

A) Ana é brasileira
B) João é carioca
C) João e Ana são cariocas
D) Todo brasileiro é patriota
E) Há patriotas que são brasileiros.

8) Considere verdadeiro o seguinte argumento:

$p \vee q; q \rightarrow r; \sim r \wedge s \vdash s$

Sobre os valores lógicos (V ou F) das proposições simples: p, q, r, s, eles são, respectivamente:

A) V F F V   B) F V F V   C) V V V V   D) V F F F   E) F F F F

9) Se André é irmão de Pedro, Pedro não é primo de Rita; se Pedro é primo de Rita, Ana não é mãe de Rita; se Ana não é mãe de Rita, então Rita é cunhada de Carlos. Ora Rita não é cunhada de Carlos, logo:

A) Ana não é mãe de Rita.
B) Pedro não é primo de Rita.
C) André não é irmão de Pedro.
D) Rita é cunhada de Carlos.
E) Pedro é primo de Ana.

10) (ESAF _ SERPRO 1997)
Se Paulo vai a Paris, então Rui vai a Roma ou Sandra vai a Salvador. Se Rui vai a Roma, então Beto vai a Berlim. Se Beto vai a Berlim, então Sandra vai a Salvador. Ora, Sandra não vai a Salvador, logo:

A) Beto não vai a Berlim e Rui vai a Roma.
B) Paulo vai a Paris e Rui vai a Roma.
C) Paulo vai a Paris e Rui não vai a Roma.
D) Paulo não vai a Paris e Beto vai a Berlim.
E) Paulo não vai a Paris e Beto não vai a Berlim.

11) O diagrama a seguir representa os conjuntos: **A = {amigos de Adriana}; B= {amigos de Beto}; C = {amigos de Carlos}; D = {amigos de Daniel}**.

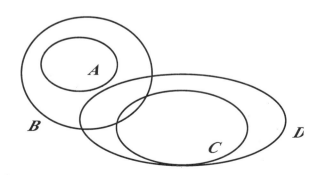

Questões Gerais de Raciocínio Lógico

Baseado no diagrama apresentado, **a única alternativa falsa**, das apresentadas abaixo é:

A) Todo amigo de Adriana é também amigo de Beto.
B) Todo amigo de Carlos é também amigo de Daniel.
C) Pode existir amigo de Beto, que não seja amigo de Ana.
D) Nenhum amigo de Ana é amigo de Daniel.
E) Pode existir amigo de Carlos que seja também amigo de Ana.

12) Assinale a única sentença **falsa**:

A) Se 2 é par, então 3 é impar.
B) Se 4 é inteiro, então 0,32 é racional.
C) Se 11 é par, então 4 é ímpar.
D) Se 18 é par, então 15 é primo.
E) Se 8 é impar, então 4! = 24

13) Considere as seguintes sentenças:
I. Nenhum atleta é preguiçoso.
II. Carlos é pescador.
III. Todos os pescadores são preguiçosos.
Admitindo que as três sentenças sejam verdadeiras, verifique qual das sentenças a seguir será, necessariamente, **verdadeira.**

A) Todos os preguiçosos são pescadores.
B) Algum atleta é pescador.
C) Alguns pescadores são atletas.
D) Carlos não é atleta.
E) Carlos não é preguiçoso.

14) Um levantamento sócio-econômico entre os habitantes de uma cidade revelou que, exatamente 17% têm casa própria; 22% têm automóvel; 8% têm casa própria e automóvel.
Qual o percentual dos que não têm casa própria, nem automóvel?

a) 69%   b) 71%   c) 46%   d) 67%   e) 92%

15) Uma pesquisa indicou que 40% das famílias entrevistadas usavam o produto A e que 50% usavam o produto B. Se o percentual das que não usavam A, nem B era de 22%, então qual foi o percentual obtido na pesquisa, referente ao número de famílias que usavam somente um desses dois produtos: (só A ou só B)?

A) 62%   B) 60%   C) 45%   D) 12%   E) 88%

16) No último verão o professor Vinícius passou com a sua família alguns dias em Angra dos Reis. Houve sol pela manhã em 7 dias e sol à tarde em 8 dias. Em 9 dias houve chuva e, sempre que chovia pela manhã, não chovia à tarde, não tendo ocorrido dias nublados. Quantos dias o professor Vinícius passou em Angra dos Reis, nesse último verão?

A) 12   B) 9   C) 10   D) 15   E) 20

17) Consultadas 500 pessoas sobre as emissoras de TV que habitualmente assistem, obteve-se o resultado seguinte: 280 pessoas assistem ao canal A, 250 pessoas ao canal B e 70 assistem a outros canais, distintos de A e B. O número de pessoas que assistem ao canal A e não assistem ao canal B é:

A) 30   B) 150   C) 180   D) 200   E) 210

18) (BACEN - 94)
Se considerarmos que cada valor expresso nos círculos representa a soma dos números que estão nos dois vértices que delimitam o respectivo lado do triângulo, a soma dos valores correspondentes aos vértices deste triângulo será igual a:

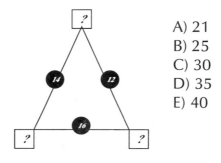

A) 21
B) 25
C) 30
D) 35
E) 40

Questões Gerais de Raciocínio Lógico   191

19) (AFC - 96)
Se A, B, C são números inteiros, positivos e consecutivos, tais que
A <B< C, qual das seguintes expressões corresponde,
necessariamente a um número ímpar?

A) ABC   B) A + B + C   C) (A+B) (B+C)   D) A + BC   E) (AB) + (BC)

20) Um senhor levava uma cesta de ovos para dar de presente a seus cinco netos. Ao primeiro, ele deu metade dos ovos que levava, mais 1 ovo. Ao segundo, deu metade do que ficou, mais 2 ovos. Ao terceiro, deu metade do que restou. Ao quarto deu metade do novo resto, mais 3 ovos e ao quinto, deu metade do novo resto, mais 1 ovo. Quantos ovos o senhor tinha na cesta inicialmente, sabendo que ao chegar em casa ele comeu os únicos dois ovos restantes?

A) 150   B) 151   C) 153   D) 154   E) 156

21) (TFC - 96)
Um comerciante distribui ¼ das balinhas que possuía e, em seguida, recebe de presente 3 balinhas; na segunda vez, distribui 1/3 do que possuía então e a seguir ganha de presente 2 balinhas; na terceira vez, distribui 1/7 das balinhas que possuía então e fica com 36 balinhas. Quantas balinhas possuía a princípio?

A) 62   B) 66   C) 72   D) 76   E) 80

22) (ESAF - SERPRO - 1997)
Uma pequena comunidade de 2100 pessoas enfrenta uma epidemia cuja taxa de crescimento, f(x), expressa em número de novas pessoas infectadas por dia, é diretamente proporcional ao número de pessoas já infectadas, x, e diretamente proporcional ao número de pessoas ainda não infectadas (ou seja, f(x) é conjuntamente proporcional ao número de pessoas já infectadas e ao número de pessoas ainda não infectadas). Quando havia 100 pessoas já infectadas, a epidemia cresceu a uma taxa de 20 novas pessoas infectadas por dia. Então quando houver 200 pessoas já infectadas, a taxa de crescimento da epidemia será igual a.

A) 38 novas pessoas infectadas por dia.
B) 40 novas pessoas infectadas por dia.
C) 76 novas pessoas infectadas por dia.
D) 80 novas pessoas infectadas por dia.
E) 160 novas pessoas infectadas por dia.

23) Uma jarra contém uma mistura de suco de laranja com água, na proporção de 1 para 3, outra jarra contém uma mistura de suco de laranja com água, na proporção de 1 para 5. Misturando **partes iguais** dos conteúdos das duas jarras, obteremos uma mistura de suco de laranja com água, na proporção de:

A) 1 para 4   B) 3 para 11   C) 5 para 19   D) 7 para 23   E) 25 para 32

24) Três amigos reuniram-se para beber chope. Sabendo que **A** e **B** beberam 13 copos, que **A** e **C** beberam 18 copos e **B** e **C** beberam 15 copos de chope, quantos copos bebeu **C**?

A) 10   B) 8   C) 13   D) 5   E) 15

25) Fátima é uma mocinha gordinha, habitante de uma pequena cidade do interior. Seu programa preferido no final de semana é dar voltas na praça principal da cidade e comer umas guloseimas. A praça é circular e possui uma lanchonete, uma doceria e uma sorveteria. De tanto fazer o mesmo caminha, Fátima sabe que da lanchonete à sorveteria, passando pela doceria, são 231 passos. Da doceria à lanchonete, passando pela sorveteria, ela dá 242 passos e, da sorveteria à doceria, passando pela lanchonete, ela dá 281 passos. Qual é o perímetro da praça, contado nos passos da Fátima?

A) 370   B) 371   C) 373   D) 375   E) 377

26) Num grupo de 300 pessoas 98% dos presentes são homens. Quantos homens deveriam sair do grupo para que o percentual de homens dentre os indivíduos restantes fosse reduzido para 97%?

A) 200   B) 100   C) 1   D) 3   E) 6

27) Na eleição para a prefeitura de uma cidade, 30% dos eleitores votaram pela manhã e 70% à tarde. Os eleitores da manhã gastaram, em média, 1 minuto e 10 segundos para votar, enquanto os da tarde demoraram, em média, 1 minuto e 20 segundos para votar. Determine o tempo médio geral gasto por eleitor na votação.

A) 1 min 15 s   B) 1 min 17 s   C) 1 min 18 s   D) 1 min 12 s   E) 1 min 16 s

28) Rita saiu de casa para fazer compras com uma certa quantia. Na primeira loja que entrou gastou 2/3 do que possuía; na segunda gastou R$30,00; na terceira R$10,00 e 2/5 do que havia restado. Sabendo que ao término dessas compras ainda ficou com R$60,00, ai sair de casa, Rita possuía a importância de R$ ....

A) 330,00   B) 450,00   C) 420,00   D) 300,00   E) 360,00

29) Uma pessoa realiza um trabalho em 12 horas. Uma outra pessoa, 40% menos eficiente que a primeira, realizaria o mesmo trabalho em:

A) 15 h   B) 16 h   C) 18 h   D) 20 h   E) 21 h

30) (SERPRO – 96) Se não é verdade que "Alguma professora universitária não dá aulas interessantes", então é verdade que:
a) todas as professoras universitárias dão aulas interessantes.
b) Nenhuma professora universitária dá aula interessantes.
c) Nenhuma aula interessante é dada por alguma professora universitária.
d) Nem todas as professoras universitárias dão aulas interessantes.
a) Todas as aulas não interessantes são dadas por professoras universitárias.

31) (AFTN - 96) Três amigas, Tânia, Janete e Angélica estão sentadas, lado a lado em um teatro.. Tânia fala sempre a verdade; Janete às vezes fala a verdade e Angélica nunca fala a verdade. A que está sentada à esquerda diz: "Tânia é quem está sentada no meio". A que está sentada no meio diz: "Eu sou Janete". Finalmente, a que está sentada à direita diz:

"Angélica é quem está sentada no meio". A que está sentada à esquerda, a que esta no meio e a que está sentada à direita são, respectivamente:

A) Janete, Tânia e Angélica.
B) Janete, Angélica e Tânia.
C) Angélica, Janete e Tânia.
D) Angélica, Tânia e Janete.
E) Tânia, Angélica e Janete.

32) (AFC - 96)
Três irmãs - Ana, Maria e Cláudia - foram a uma festa com vestidos de cores diferentes. Uma vestiu azul, a outra branco, e a terceira preto. Chegando à festa, o anfitrião perguntou quem era cada uma delas. A de azul respondeu: "Ana é a que está de branco". A de branco falou: "eu sou Maria. E a de preto disse: "Cláudia é quem está de branco". Como o anfitrião sabia que Ana sempre diz a verdade, que Maria às vezes diz a verdade, e que Cláudia nunca diz a verdade, ele foi capaz de identificar corretamente quer era cada pessoa. As cores dos vestidos de Ana, Maria e Cláudia eram, respectivamente,

A) preto, branco, azul
B) preto, azul, branco
C) azul, preto, branco
D) azul, branco, preto
E) branco, azul, preto

33) Eu tenho 3 bolas: A, B e C. Pintei uma de vermelho, uma de branco e outra de azul, não necessariamente nesta ordem. Somente uma das afirmações abaixo é verdadeira:
A é vermelha.
B não é vermelha.
C não é azul.
Quais as cores das bolas A, B e C, nesta ordem?

A) branca, azul, vermelha
B) azul, branca, vermelha

C) azul, vermelha, branca
D) vermelha, azul, branca
E) branca, vermelha, azul

34) André, Ricardo e Beto foram os três primeiros colocados em um concurso escolar. Não sabemos exatamente a colocação de cada um deles, mas temos a informação de que André sempre diz a verdade, Ricardo é um completo mentiroso e Beto às vezes diz a verdade. Perguntados sobre o resultado do concurso, coletamos as seguintes informações:
 - O terceiro colocado disse que Ricardo foi o vencedor e que Beto foi o segundo.
 - O primeiro colocado disse que André havia sido o vencedor.
 - O segundo colocado informou que Ricardo havia sido o terceiro colocado e que André tinha sido o primeiro.
 Com base nestas "dicas", podemos concluir que o resultado do concurso foi:

A) André, Ricardo , Beto
B) Beto, Ricardo, André
C) Ricardo, André, Beto
D) Ricardo, Beto, André
E) Beto, André, Ricardo.

35) Três irmãos – João, Eduardo e Ricardo – jogavam futebol quando, em um dado momento, quebraram a vidraça da sala de sua casa. Furiosa a mãe perguntou quem foi o responsável.
- Foi Ricardo, disse João
- Fui eu, disse Eduardo.
- Foi Eduardo, disse Ricardo.
Somente um dos garotos dizia a verdade, e a mãe sabia que Eduardo estava mentindo. Então:

A) Ricardo, além de mentir, quebrou a vidraça.
B) João mentiu, mas não quebrou a vidraça.
C) Ricardo disse a verdade.

D) Não foi Ricardo quem quebrou a vidraça.
E) Quem quebrou a vidraça foi Eduardo ou João.

36) (TRF – 1ª R – 2007) Partindo das premissas:

(1) Todo advogado é sagaz
(2) Todo advogado é formado em Direito
(3) Roberval é Sagaz
(4) Sulamita é juíza

Pode-se concluir que:

A) Há pessoas formadas em Direito que são sagazes
B) Roberval é advogado
C) Sulamita é sagaz
D) Roberval é promotor
E) Sulamita e Roberval são casados

37) (TRF 1ª R – 2007) Todos os macerontes são torminodoros. Alguns macerontes são momorrengos. Logo,

A) todos os momorrengos são torminodoros
B) alguns torminodoros são momorrengos
C) todos os torminodoros são macerontes
D) alguns momorrengos são pássaros
E) todos os momorrengos são macerontes

38) (Pedagogo – São Luiz do Maranhão – 2007) Considere a seguinte situação hipotética:

Em uma expedição pelo Brasil, João Nunes, grande arqueólogo brasileiro, encontrou um pergaminho com algumas inscrições matemáticas. Parte delas estava escrita em desconhecido código:

Questões Gerais de Raciocínio Lógico

$$\spadesuit : 24 = 6$$
$$\clubsuit \times \clubsuit = \spadesuit$$
$$\clubsuit \times \spadesuit = \Omega$$
$$\Omega : \Delta = \Omega$$

Desvendando este código matemático, é correto afirmar que a soma dos valores representados pelos quatro símbolos numéricos ♠, ♣, Ω e Δ equivale a:

A) 1085   B) 1835   C) 1845   D) 1875   E) 1885

39) (TJ PERNAMBUCO – 2007) Se Rasputin não tivesse existido, Lênin também não existiria. Lênin existiu, logo:

A) Lênin e Rasputin não existiram
B) Lênin não existiu
C) Rasputin existiu
D) Rasputin não existiu
E) Lênin existiu

40) (Alberto Pasqualini REFAP – 2007) A negação de "todos os números inteiros são positivos" é:

A) nenhum número inteiro é positivo
B) nenhum número inteiro é negativo
C) todos os números inteiros são negativos
D) alguns números positivos não são inteiros
E) alguns números inteiros não são positivos

41) (Alberto Pasqualini REFAP – 2007) Sejam as proposições **p** e **q** e **~p** e **~q** suas respectivas negações. Assinale a opção que apresenta uma tautologia.

a) p ∧ ~p   b) p → ~p   c) p ∨ ~p   d) p ∨ q   e) ~p → p

42) (Alberto Pasqualini REFAP – 2007) Considere verdadeira a declaração abaixo.
"Todo ser humano é vaidoso"

Com base na declaração, é correto afirmar que:
A) se é vaidoso, então não é humano
B) se é vaidoso, então é humano
C) se não é vaidoso, então não é humano
D) se não é vaidoso, então é humano
E) se não é humano, então não é vaidoso

43) (Alberto Pasqualini REFAP – 2007) Ana, Bruna e Carla têm, cada uma, um único bicho de estimação. Uma delas tem um cachorro, outra tem um gato e a terceira, um jabuti. Sabe-se que:
- Ana não é a dona do cachorro
- Carla é a dona do gato

Com base nas informações acima, é correto afirmar que:

A) Ana é dona do gato
B) Ana é dona do jabuti
C) Bruna não é dona do cachorro
D) Bruna é dona do jabuti
E) Carla é dona do cachorro

44) (Alberto Pasqualini REFAP – 2007) Augusto está em uma fila de pessoas. Quando as pessoas na fila são contadas de trás para frente, Augusto é o 8º. No entanto, quando as pessoas são contadas da frente para trás, ele ocupa a 10ª posição. Quantas pessoas há nessa fila?

A) 20   B) 19   C) 18   D) 17   E) 16

45) (TRF 1ª R – 2007) Certo dia, Veridiana saiu às compras com uma certa quantia em dinheiro e foi a apenas três lojas. Em cada loja ela gastou a quarta parte da quantia que possuia na carteira e, em seguida, usou R$ 5,00 para pagar o estacionamento onde deixou seu carro.

Questões Gerais de Raciocínio Lógico 199

Se após todas essas atividades ainda lhe restaram R$ 49,00, a quantia que Veridiana tinha inicialmente na carteira estava compreendida entre:

(A) R$ 20,00 e R$ 50,00.
(B) R$ 50,00 e R$ 80,00.
(C) R$ 80,00 e R$ 110,00.
(D) R$ 110,00 e R$ 140,00.
(E) R$ 140,00 e R$ 170,00.

46)(TRF 2ª R – 2007) Uma máquina, operando ininterruptamente por 2 horas diárias, levou 5 dias para tirar um certo número de cópias de um texto. Pretende-se que essa mesma máquina, no mesmo ritmo, tire a mesma quantidade de cópias de tal texto em 3 dias. Para que isso seja possível, ela deverá operar ininterruptamente por um período diário de:

(A) 3 horas (B) 3 horas e 10 minutos   (C) 3 horas e 15 minutos
(D) 3 horas e 20 minutos   (E) 3 horas e 45 minutos.

47) (TRF 2ª R – 2007) Considere que os símbolos ♦ e ♠ , que aparecem no quadro seguinte, substituem as operações que devem ser efetuadas em cada linha a fim de obter-se o resultado correspondente, que se encontra na coluna da extrema direita.

36	♦	4	♠	5	=	14
48	♦	6	♠	9	=	17
54	♦	9	♠	7	=	?

Para que o resultado da terceira linha seja o correto, o ponto de interrogação deverá ser substituído pelo número:

(A) 16   (B) 15   (C) 14   (D) 13   (E) 12

48) (Professor II – Itaboraí – 2007) Girando-se o ponteiro da roleta da figura abaixo, a probabilidade de que ele pare num setor circular que tenha um número que seja simultaneamente múltiplo de 3 e múltiplo de 5 é:

A) 25%   B) 50%   C) 75%   D) 80%   E) 90%

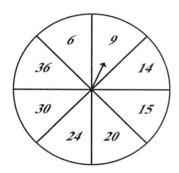

49) (ESAF) – Se não é verdade que "Alguma professora universitária não dá aulas interessantes", então é verdade que:

A) todas as professoras universitárias dão aulas interessantes.
B) nenhuma professora universitária dá aulas interessantes.
C) nenhuma aula interessante é dada por alguma professora universitária.
D) nem todas as professoras universitárias dão aulas interessantes.
E) todas as aulas interessantes são dadas por professoras universitárias.

50) (FGV) – Um eminente antropólogo, afirmou que TODOS OS AFANEUS SÃO ZARAGÓS, e que TODOS OS ZARAGÓS SÃO CHUMPITAZES. Com base nestas afirmações, podemos concluir que:

A) É possível existir um Afaneu que não seja Zaragó.
B) É possível existir um Afaneu que não seja Chumpitaz.
C) É possível existir um Zaragó que não seja Afaneu.
D) Nada se pode concluir sem saber o que significa Afaneu, Zaragó e Chumpitaz.

Questões Gerais de Raciocínio Lógico

Fez-se uma pesquisa na faculdade de engenharia e verificou-se que dos 300 alunos: 120 gostam de pizza, 150 gostam de churrasco e 60 não gostam de nenhum dos dois gêneros alimentícios.

Baseado no enunciado acima responda as questões 51, 52 e 53.
51) Não podemos afirmar que:

A) Existem pessoas que não gostam de pizza
B) Nenhuma pessoa que gosta de pizza gosta de churrasco
C) Nem todos que gostam de pizza gostam de churrasco
D) Existem pessoas que não gostam de pizza e gostam de churrasco
E) Existem pessoas que nem gostam de pizza nem de churrasco

52) Quantos alunos gostam tanto de churrasco como de pizza, e quantos gostam apenas de pizza.

A) 30 e 120
B) 60 e 120
C) 30 e 90
D) 120 e 90
E) 30 e 120

53) Dos alunos que gostam de pizza qual a porcentagem deles que também gostam de churrasco e qual a porcentagem dos que não gostam de churrasco?

A) 50% e 50%
B) 10% e 90%
C) 10% e 75%
D) 25% e 75%
E) 25% e 90%

54) (ESAF) Quatro casais reúnem-se para jogar xadrez. Como há apenas um tabuleiro, eles combinam que:
I - Nenhuma pessoa pode jogar duas partidas seguidas;
II - Marido e esposa não jogam entre si.

Na primeira partida, Celina joga contra Alberto. Na segunda, Ana joga contra o marido de Júlia. Na terceira, a esposa de Alberto joga contra o marido de Ana. Na quarta, Celina joga contra Carlos. E na quinta, a esposa de Gustavo joga contra Alberto. A esposa de Tiago e o marido de Helena são respectivamente:

A) Celina e Alberto
B) Ana e Carlos
C) Júlia e Gustavo
D) Celina e Gustavo.

55) (OBM) Seis amigos planejam viajar e decidem fazê-lo em duplas, cada uma utilizando um meio de transporte diferente, dentre os seguintes: avião, trem e carro. Alexandre acompanha Bento. André viaja de avião. Carlos não acompanha Dário nem faz uso do avião. Tomás não anda de trem. Qual das afirmações a seguir é correta?

A) Bento vai de carro e Carlos vai de avião.
B) Dário vai de trem e André vai de carro.
C) Tomás vai de trem e Bento vai de avião.
D) Alexandre vai de trem e Tomás vai de carro.
E) André vai de trem e Alexandre vai de carro.

56) (OBMEP – 2007)

Carlos pode ir de sua casa à escola andando três quilômetros para o norte, dois para o oeste, um para o sul, quatro para o leste e finalmente dois para o Sul. Para ir de casa à escola em linha reta, Carlos deve andar:

A) 2 km para o leste
B) 1 km para o sul
C) 5 km para o leste
D) 3 km para o oeste
E) 4 km para o norte

Questões Gerais de Raciocínio Lógico 203

57) (OBMEP – 2007) A figura mostra como comparar as idades de cinco irmãs, usando flechas que partem do nome de uma irmã mais nova para o nome de uma mais velha. Por exemplo, Edna é mais velha que Ana. Qual a irmã mais velha?

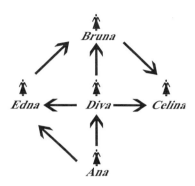

58) (ESAF) Três amigas, Tânia, Janete e Angélica, estão sentadas lado a lado em um teatro. Tânia sempre fala a verdade; Janete às vezes fala a verdade; Angélica nunca fala a verdade. A que está sentada à esquerda diz: "Tânia é quem está sentada no meio". A que está sentada no meio diz: "Eu sou Janete". Finalmente, a que está sentada à direita diz: "Angélica é quem está sentada no meio". A que está sentada à esquerda, a que está sentada no meio e a que está sentada à direita são, respectivamente:

A) Janete, Tânia e Angélica   B) Janete, Angélica e Tânia
C) Angélica, Janete e Tânia   D) Angélica, Tânia e Janete

59) A proposição: "Se Carlos joga futebol, então, Márcia toca violão" é equivalente logicamente a:

A) Carlos joga futebol se, e somente se, Márcia toca violão.
B) Se Carlos não joga futebol, então, Márcia não toca violão.
C) Se Márcia não toca violão, então, Carlos não joga futebol.
D) Se Márcia toca violão, então, Carlos joga futebol.
E) Se Carlos toca violão, então, Márcia joga futebol.

60) Qual a fração que completa a seqüência:

$\frac{3}{1}, \frac{2}{5}, \frac{8}{6}, \frac{24}{12}, ?$

A) $\frac{48}{60}$ B) $\frac{15}{18}$ C) $\frac{72}{624}$ D) $\frac{17}{120}$

"Felicidade é a certeza de que nossa vida não está se passando inutilmente."

(Érico Veríssimo)

GABARITO – EXERCÍCIOS GERAIS

01) C	02) B	03) D	04) D	05) C
06) C	07) E	08) A	09) C	10) E
11) E	12) D	13) D	14) A	15) A
16) A	17) C	18) A	19) C	20) D
21) D	22) A	23) C	24) A	25) E
26) B	27) B	28) C	29) D	30) A
31) B	32) B	33) C	34) D	35) A
36) A	37) B	38) E	39) C	40) E
41) C	42) C	43) B	44) D	45) D
46) D	47) D	48) A	49) A	50) C
51) B	52) C	53) D	54) A	55) D
56) A	57) C	58) B	59) C	60) D

"Se não houve frutos, valeu a beleza das flores.
Se não houve flores, valeu a sombra das folhas.
Se não houve folhas, valeu a intenção das sementes."
(Henfil)

BIBLIOGRAFIA

ALENCAR FILHO, Edgard de. Iniciação à Lógica Matemática. São Paulo: Nobel, 1989.

COPI, Irving M. Introdução à Lógica. São Paulo: Mestre Jou, 1978.

DOXIADIS, Apóstolos. Tio Petros e a Conjectura de Goldbach. São Paulo: Ed. 34, 1992.

PAULOS, John Allen. O Analfabetismo em Matemática e as suas Conseqüências. Rio de Janeiro: Nova Fronteira, 1994.

TAHAN, Malba. O Homem que Calculava. São Paulo: Saraiva, 1965.

O AUTOR

Ilydio Pereira de Sá é um professor carioca que se dedica há mais de 34 anos ao ensino de Matemática e Estatística no Ensino Fundamental, Médio e Superior. Tem atuado também no preparo de candidatos aos diversos concursos públicos do País.

Licenciado em Matemática, pela UERJ, com Mestrado em Educação Matemática pela Universidade Santa Úrsula ,RJ.

Lecionou no Colégio Naval, na Rede Estadual de Ensino do Rio de Janeiro, no Colégio Pedro II e em diversos colégios e cursos preparatórios da Rede Particular de Ensino (RJ). Foi consultor da LCM Consultoria e Treinamento, tendo ministrado diversos cursos de Matemática Financeira e Estatística para Empresas.

Atualmente é professor da UERJ, do Instituto de Aplicação Fernando Rodrigues da Silveira (UERJ), do MG Concursos e da Universidade Severino Sombra (Vassouras e Maricá). È também o Sub-chefe do Departamento de Matemática e Desenho (DMD) do Instituto de Aplicação Fernando Rodrigues da Silveira (UERJ).

Leciona nos cursos de Licenciatura em Matemática e Pós-graduação em Educação Matemática, as disciplinas:

- Didática da Matemática
- Prática de Ensino de Matemática
- Matemática Combinatória
- Probabilidade e Estatística
- Geometria Euclidiana
- Lógica / Raciocínio Lógico
- Matemática Comercial e Financeira.

Do mesmo autor: "A Magia da Matemática: Atividades Investigativas, Curiosidades e Histórias da Matemática, Ed. Ciência Moderna e Matemática Comercial e Financeira na Educação Básica – Ed. Sotese, Rio de Janeiro

Desvendando os Segredos dos Problemas de Matemática
Descobrindo Caminhos para Resolvê-los

Autor: *Sebastião Vieira do Nascimento (Sebá)*
176 páginas
ISBN: 978-85-7393-648-3

Quando o leitor encontrar este livro numa determinada livraria, perguntará a si mesmo: "se já existem, em língua portuguesa e em outras línguas, tantos livros sobre teoria dos números, por que mais um?"

Já que existem vários motivos para uma pessoa escrever um livro, é difícil responder à pergunta acima. No caso do autor, porém, existiam dois motivos fortes para escrever. O primeiro motivo era a vontade de desmistificar o ensino da Matemática. E o segundo, em virtude da literatura existente sobre teoria dos números, por não apresentarem nenhuma aplicação prática com a qual o leitor se defronta no dia-a-dia.

Aqui você encontra, em um único volume, assuntos não encontrados em nenhum livro de teoria dos números publicados em língua portuguesa, inglesa ou espanhola.

À venda nas melhores livrarias.

A Magia da Matemática
Atividades Investigativas,
Curiosidades e Histórias
da Matemática

Autor: *Ilydio Pereira de Sá*
200 páginas
ISBN: 978-85-7393-590-5

"A magia da Matemática: atividades investigativas, curiosidades e histórias da Matemática" é um livro destinado a:
- pessoas que gostam da Matemática;
- pessoas que odeiam a Matemática;
- profissionais de Educação Matemática;
- licenciandos de Matemática e ciências afins;
- alunos dos cursos de Formação de Professores.

O livro pretende mostrar – através de atividades lúdicas, histórias sobre a Matemática e os matemáticos, desafios diversos e estudo de importantes conteúdos matemáticos – que a Matemática não é uma ciência difícil, árida, pesada, pronta, sem utilidade ou destinada apenas a um seleto grupo de "iniciados". A Matemática é para todos e pode ser estudada (e entendida!) de forma agradável e contextualizada.

O autor, com mais de 30 anos de experiência em classes da Educação Básica e do Ensino Superior, é mestre em Educação Matemática e tem se dedicado, entre outras atividades, à formação de profissionais na área.

À venda nas melhores livrarias.

Matrizes e Sistemas Algébricos em Engenharia

Autor: *Duval Duarte Júnior*
296 páginas
ISBN: 978-85-7393-645-2

Este livro apresenta de maneira fácil e didática, diversos tópicos de matrizes e sistemas algébricos que são usados com freqüência na solução de problemas práticos da engenharia, sem uma preocupação excessiva com o formalismo matemático inerente em suas estruturas lógicas.

Uma forte ênfase é dada à interpretação física e às aplicações das teorias abordadas para a solução de diversos problemas práticos da engenharia.

À venda nas melhores livrarias.

Impressão e Acabamento
Gráfica da Editora Ciência Moderna Ltda.
Tel. (21) 2201-6662